KB043859

참을까?
때려치울까?

참을까?
때려치울까?

초판 1쇄 발행   2019년 6월 11일

지은이   권순영

출판기획   경원북스
등록   2018년 3월 27일 (제307-2018-15호)
펴낸곳   경원출판사(경원북스)
주소   서울시 중구 퇴계로 272 아도라타워 601호
전화   02-2607-2289
팩스   02-6442-0645
인쇄   대정인쇄
이메일   kyoungwonbooks@gmail.com

ISBN 979-11-89953-02-7 (03190)
정가 12,000원

이 도서의 국립중앙도서관 출판예정도서목록(CIP)은 서지정보유통지원시스템 홈페이지(http://seoji.nl.go.kr)와 국가자료종합목록 구축시스템(http://kolis-net.nl.go.kr)에서 이용하실 수 있습니다. (CIP제어번호 : CIP2019020365)

참을까?
때려치울까?

권순영 지음

경원북스

지금 고민 중인가요?

회사를 다니다 보면 한 번쯤 하게 되는 고민이 있다. 혹자는 주기적으로 그런 고민을 할 때가 온다고도 한다. 3개월, 6개월, 1년, 3년 단위로···. 한번 그런 고민에 빠지게 되면 계속해서 고민하게 된다. 어제도 했고, 오늘도 하고, 내일도 할게 분명한 고민은 바로 이것이다.

"아이, 그냥 확 때려치울까?"

깊이 고민하며 내뱉은 말에 한 어르신은 "요즘 젊은것들은 편한 것만 찾고 인내심이 없어~, 인내심이~."라고 말하며 혀를 찼다. 반박하고 싶었다.

"어르신의 은근과 끈기만 이탈리아 장인의 핸드메이드 작품인가요? 젊은것들의 그것을 '마데 인 치나' 공장에서 막 찍어낸 것처럼 말하지 마세요."라고 말이다. 그때는 그때의 생존 문제가, 지금은 지금의 생존문제가 있다. 지금의 젊은이가 살아가면서 치열하게 하는 고민을 그 시절 그 논리에 끼워 멋대로 판단하지 말았으면 좋겠다.

어르신이 그때 그 시절 젊은이였던 것처럼, 지금 젊은이도 한 번뿐인 인생 잘 살아보려고 최선을 다하는 것뿐이니까. 고릿적 경운기 타고 오빠 달려하던 시절, 구황작물로 끼니를 연명해도 다행이던 그때와 비교하지 마시길. 시대가 변했다. 20대, 30대는 충분히 자신의 인생을 위해 지금 상황에서 참을지, 때려치울지 고민할 수 있는 시기다.

이 세상에 태어났으니, 내 한 몸 건사하려면 죽을 때까지 '먹고살' 걱정을 해야 한다. 오늘 뭐 먹을까도 고민인 마당에 이 몸뚱아리를 평생 책임지려면 자신의 시간과 공을 지금 상황에 쏟는 게 맞는 것인지 당연히 깊이 고민하고, 알아보고, 찾아보고, 물어봐야 한다.

여유가 있으면 좋겠고, 몸도 마음도 편했으면 좋겠고, 하고 싶은 무엇인가가 있으면 좋겠고, 가능하다면 즐거운 무엇인가를 하며 돈도 벌면 좋겠다. 그러려면 무엇을 선택하고 무엇을 버려야 할지, 무엇에 더 가치를 두고 있고 무엇이 더 즐거운지, 무엇을 포기했을 때 후회가 덜할지. 나는 뭘 어떻게 해야 하지…. 고민할 수밖에 없지 않은가?

내가 좋아하는 심리학자 칼 구스타프 융이 이렇게 말했다.

"Life really does begin at forty. Up until then you are just doing research."

(인생은 40세부터 진짜 시작입니다. 40세가 될 때까지 우리는 연구하고 조사할 뿐입니다.)

'어? 난 마흔이 넘었는데? 그럼 이제 연구하고 조사할 일은 안 해도 되겠네?'라고 생각하는가? 안 된다.

가슴에 손을 얹고 생각해보자. 자기 자신에 대해를 연구하고 조사한 적이 얼마나 있는가? 살아온 날이 40년이 됐건 안 됐건 자기 자신을 연구하고 조사한 시간이 얼마나 되는가?

융은 죽기 전까지 자기 자신을 찾기 위해 할 수 있는 모든 것을 한 사람이고, 그만큼 또 깊이 있게, 여러 차례 자신의 마음을 분석해낸 사람이기도 했다. 융이 죽고 난 후, 그는 어떤 사람이었냐는 질문에 그의 친구는 이렇게 대답했다.

"그는 내가 아는 가장 크게 미친 정신병자였어요. 그리고 세상에서 가장 유능한 정신과 의사이기도 했죠."

40세까지만 자신에 대해 연구하라는 말이 아니다. 인생이 뭔가? 초중고 나와서 대학 가고 취직하거나 사업하다가 결혼하고 아기 낳고 키우고 늙어 죽는 건가?

대학 가지 말고, 사업하지 말고, 결혼하지 말고, 아기 낳지 말란 말이 아니다. 내가 인간 종족 번식의 사이클에 속해 살고 있는 것과 그것을 위해서 살고 있는 것과는 다르다는 것을 우린 이미 알고 있지 않나?

보고서 분석을 요하는 정도로 연구하라는 말이 아니다. 공부, 직장, 연애, 결혼, 육아 뭐든 남들이 이미 그렇다고 하니 당연히 그러려니 하지 말고 같은 선택을 하더라도 스스로 생각하고 스스로 결정하고 살아보라는 말이다.

그런 의미에서 어제도 했고, 오늘도 했고, 내일도 할 그 고민인 "아이, 때려치워? 말아?"에 대해 생각해보면 좋겠다. 이 고민이야말로 내가 무엇을 해야 하는지, 내가 어디에 가치를 두고 있는지, 내가 어떻게 살아야 하는지, 내가 무엇을 알아야 하는지 깨닫기 위한 '라이프 퀘스트'다. 신나게 고민하자. 쓸데없는 고민이라고 속삭이는 적군을 물리치고 기왕 하는 고민, 아주 당당하게 체계적이고 구조적으로다가 파고들어보자. 이 글을 통해 그 고민의 한걸음을 당신과 함께 내디뎌보겠다.

권순영

차 례

프롤로그 •4

01 : 어쩌다 프리랜서 방송 작가
방송작가는 어떤가요? × 방송 작가 변정정희 •13

02 : 어쩌다 초등학교 선생님
'꿀 직업'도 고민을 하나요? × 초등학교 교사 김영선 •31

03 : 어쩌다 베이커리 주인장
1등 의류쇼핑몰에서 서울 3대 빵집으로
× 타르데마 베이커리 대표 이희주 •51

04 : 어쩌다 카페 사장
음악감독에서 카페 사장으로 × 카페 '어떤 날' 사장 •71

05 : **어쩌다 포토그래퍼**
디스 이즈 덕업일치 × 포토그래퍼 이영훈　• 99

06 : **어쩌다 대학 전임교수**
회사원 25년, 48세에 전임교수가 되다
× 한세대학교 사회과학대 C 교수　• 123

07 : **어쩌다 소설가, 목사, 드라마 작가**
14번의 퇴사, 무소득 6년이 찾아준 진짜 나의 일
× 소설가, 목사, 드라마 작가 주원규　• 147

08 : **어쩌다 심리치료사, 작가**
이렇게 행복하다니 때려치우길 잘했다 × 심리치료사, 작가 권순영　• 173

부록 진로상담사례
　22살에 꿈을 꾸기 시작한 은우　• 195
에필로그　• 206

01

어쩌다
프리랜서 방송 작가

×

"100% 좋다,
100% 나쁘다
나눌 수 없어요"

\# 동의할_수_없는_일_못함
\# 글쓰기는_행복
\# 나를_잃지_않는_글을_쓰는_작가
\# 불안정은_프리랜서의_숙명
\# 숙명적_두려움을_뛰어넘는_글에_대한_애정

변정점희 작가

TV 다큐멘터리 SBS 〈SBS 스페셜〉, KBS 〈수요기획〉, 라디오 CBS 〈굿 뉴스 투데이〉, 〈손숙, 한대수의 행복의 나라로〉, DMB MBC 〈내 손안의 책〉 등을 거쳐 현재 대교 사내방송 〈안녕하세요? DBS입니다〉 작가로 활동 중이다. 즐거운 인생, 행복한 세상, 신나는 하루를 외치며 위로와 치유가 있는 아름다운 글을 쓰고자 한다.

왜 때려치웠나?

방송은 자본주의의 꽃이다. 자본주의 시장 논리대로 사람보다 상업적 성과를 우선시하는 상황이 가장 힘들었다. 인간성이 없어지는 느낌에 상업적 방송 작가로 살기를 때려치웠다.

왜 참았나?

상업적 성과에서 자유로운 방송의 대본이나 각본을 쓰는 프리랜서 작가로 일하다 보니 불안정한 수입이 걱정될 때도 있다. 하지만 글을 향한 애정이 걱정보다 큰 것 같다.

방송 작가는
어떤가요?

방송 작가
변정정희

첫 번째로 변정정희 작가를 만나봤다. 그녀도 나와 같은 고민을 하는지 궁금했고 나와 같은 고민을 하고 있다면 그녀의 생각과 내 생각을 비교해보고 싶었다. 다른 부분이 있다면 어디가 어떻게 다른지 알고 싶었다. 그리고 내가 앞으로 때려치우지 않고 할 수 있는 일에 대한 힌트를 얻고 싶었다.

참고로 그녀는 내 지인이다. '변'은 아빠의 성, '정'은 엄마의 성으로 사회적 통용 성명을 본인이 선택했다. 5년 전에 결혼했고 딩크족이다.

마음은 있으나 생물학적으로 아기를 낳을 수 없어서 선택한 연역적 딩크

족이 아니라 신념만으로 아이를 선택하지 않은 내 지인 중 유일한 '참트루 리얼' 딩크족이다.

2018년 8월, 불볕더위에 온몸을 내어주며 드디어 약속 장소인 작은 도서관 갈월당에 도착했다. 변정정희 부부의 보금자리이기도 한 이곳에서 인터뷰가 이루어졌다. 참을까, 때려치울까를 고민했던, 어쩌면 현재진행형일 수도 있는 그녀의 이야기를 들어보자.

Q. 참는 사람과 때려치운 사람 중 어느 쪽이 더 끌리나?

처음 인터뷰 제의를 받았을 때 이 질문이 직업에만 국한된다고 생각하지 않았다. 내가 지금 사회에서 한 발자국 비켜 있는 부분이 있나 생각해보니 출산과 육아가 가장 큰 것 같더라. 부모님이 주신 이름을 때려치우고 내가 지은 이름을 가지고 사니까 그런 면에서 때려치운 사람이라고 할 수도 있을 것 같다. 직업으로 보면, 작가라는 일 자체가 일반적인 직장인과는 좀 달라서 애초에 나는 회사원으로서의 마인드를 가져본 적이 없다. 내게 참기와 때려치우기는 일반적인 경우와는 좀 다른 개념일 것 같다.

Q. 직장에 소속되어 일한 적은 없었나?

막내작가로 시작했을 때 회사에 소속되어 일했다. 그때는 월급 개념이었다. 밤샘 작업이 비일비재한데 그걸 다 시급으로 주면 너무 많아지니까.

Q. 밤샘 작업이라니…. 그 일은 어떻게 하게 됐나?

나는 시를 쓰고 싶었다. 먹고살 걱정 없이 시를 쓸 만큼의 돈을 벌면 좋겠다는 생각으로 '글을 쓰며 돈을 벌 수 있는 일'을 찾았다. 그래도 방송이 돈을 좀 벌 수 있지 않을까 하고…. 어린 마음에 그런 생각으로 시작하게 됐다. 방송 쪽을 좀 알았다면 처음부터 방송국에 발을 들이지 않았을 텐데 그때는 전혀 몰랐다. SBS 다큐멘터리를 만든다는 공고를 보고 지원했고 가장 먼저 합격한 곳이 교양방송을 제작하는 외주 제작사였다.

Q. 역시 드라마가 돈이 되는 건가?

물론이다. 돈이 된다. 드라마는 방송의 꽃이다. 그중 드라마 작가가 최고이고.

역시 매스미디어. 대중의 위대함이여.

Q. 거기서 얼마 동안 일했나?

3년 정도 일했다.

Q. 새로운 직장을 찾는 것은 부담스러운 일이다. 3년 동안 일했던 직장을 그만둘 때 두렵지 않았나?

그 회사에 있을 때는 그런 생각을 할 정신조차 없었던 것 같다. 그 이후에 바로 이어서 라디오를 했는데 쉬는 시간 없이 달리다 보니 건강도 안 좋았고 다른 상황들과 겹쳐 그만두게 됐다. 그만두고 1년을 쉬었다. 제과제빵학원을 다녔지만 경제활동은 아무것도 하지 않았다. 그때 '이제 나는 뭘 할 것인가'를 생각한 것 같다. 방송은 자본주의의 결정체다. 그런 방송 체계에 너무 질렸을 때라 이 일을 계속해야 하나 고민했다.

Q. 제과제빵학원을 다녔다고 했는데, 그 일을 업으로 삼을 생각은 없었나?

요리를 좋아하기 때문에 빵 만드는 일에도 관심이 갔다. 제과제빵 자체는 재미있지만 업으로 삼기에는 힘들었다. 가령 빵 공장에 취직하면 새벽에 출근해 맡은 파트에서 똑같은 작업만 종일 하게 된다. 반죽이면 반죽, 성형이면 성형… 이런 식으로 말이다. 취미로서의 제과제빵과 업으로서의 제과제빵은 달랐다. 현실의 벽에 부딪힌 것이다. 학원을 그만두고 6개월을 더 쉬면서 이제는 무리되지 않는 선에서 작가 일을 계속하자고 결정했다.

Q. 1년 쉬고 나니 글 쓰는 일을 계속해야겠다는 생각이 확고해진 건가?

그렇다. 사실 쉬기 전까지는 열심히 살겠다는 생각 자체가 없었다. 딱히 뭐 하고 싶은 것도 없었고….

Q. 내 친구 중 하나도 PD 하다가 그만두고 빵을 만들더라. 멋있어서 방송 일을 하는 사람도 많을 텐데, 방송 관두고 빵 만드는 친구를 보면 베이킹이 참 힐링이 되는 작업 같다.

혹시 베이킹파우더 말고 이스트를 넣고 발효하는 빵을 만들어본 적 있는지? 손에 반죽을 넣고 둥글리기를 하다 보면 빵이 되는, 그 순간의 느낌이 있다. 처음에는 그냥 설탕과 이스트를 넣은 밀가루 반죽이었는데, 갑자기 단단해지면서 새로운 무언가가 탄생하는 느낌이다.

Q. 뭔가 심오하다. 생명을 품은 빵 같은 느낌이다.

맞다. 그런 느낌이다. 그 느낌에 반했다. 아, 이걸로 시를 써야겠다, 할 정도로.

Q. 다시 원래 질문으로 넘어가자. 방송은 자본주의의 꽃이고 그 체계가 싫었다고 했다. 어떤 면이 싫었는지 자세히 말해 달라.

인간성이 없어지는 느낌이랄까? 방송은 시청률이 나와야 하니까 자극적인 소재가 필요하다. 악마의 편집이란 말이 있지 않나. 실제로 그렇다. 방송을 위한다는 명분으로 보이지 않는 프레임을 정하고 그 프레임에 맞춰 누군가를 짓밟아야 한다면 그렇게 하는 게 당연한 체계다. 내가 해야 할 일은 정해져 있고, 빠른 시간 안에 그 일을 무조건 해내야 한다. 더 무서운 건 그 체계에 맞춰 변해가는 나를 자각조차 못하게 된다는 것이다.

Q. 예를 들면?

건강 관련 프로그램의 출연자 중에 희귀병에 걸려 투병 중인 어떤 여성을 섭외한 적이 있다. 그분의 남편은 직장도 그만두고 아내를 케어하고 있었는데, 아내를 너무 사랑하니까 방송을 통해서라도 고치고 싶은 그 진심이 전해져왔다. 치료

받을 수 있게 병원을 연결해드렸지만, 나는 정해진 프레임에 맞춰야 하는 사람이었다. 받을 수 있는 치료 A, B, C가 있다고 하자. 환자에게는 A가 가장 좋아도 방송에서 보이는 장면, 즉 프레임으로는 C가 제일 좋다면 C로 가야 하는 게 방송 체계다. 출연자에게는 일생일대의 중요한 일이고, 그 간절한 진심이 느껴지는데 나는 그 마음을 100% 공감해서는 안 되는 것이다. 이런 갈등이 크고 작게 매번 있었다.

Q. 아까 말한 '인간성이 없어지는 느낌'이 뭘 말하는지 알겠다.

방송에 나오고 싶어 하는 의사 중에 딱 봐도 '아, 저 의사는 치료에는 관심 없고 유명세 치르고 싶어서 왔구나' 싶은 경우도 많다. 인터뷰할 때 의학에 대해 물어보면 메일로 보내라고 시큰둥하다가 촬영지에서 보면 자기 전담 코디를 따로 데려오질 않나, "작가님, 이 넥타이 색깔 괜찮아?" 하며 겉모습에나 신경 쓰는 거 보면 정말….

Q. 진짜 싫을 것 같다. 그런데 그런 사람도 방송을 위해서 아름답게 포장해야 하지 않나?

맞다. 그런 게 맘 편하지 않았다. 미리 협찬을 받고 그 홍보물의 효능을 전달하는 스토리를 짜기도 한다. 전에 본 적도

없는 홍보물의 효과로 건강해졌다거나 이뻐졌다는 식의 내용
으로 짠다.

결국 돈이 된다는 건 상업적 이용 가치가 있다는 말이고, 상업적 이용 가치가 없다는 말은 '돈'이 생길 기회가 없다는 것 아닌가. 나도 역시 본래의 가치가 변질되는 상업적 이용이 싫지만 그래도 벤츠는 타고 싶고, 강남 부동산 부자도 되고 싶다. 이해하기 싫지만, 이해가 되기도 해서 더 씁쓸하다.

Q. 제빵학원 다음에 복귀한 일은 어떤 분야였나?

그때는 방송 일을 하고 싶지 않았다. 방송이 아니면서 글 쓰는 일을 찾았는데, 그렇게 취직한 곳이 디지털 교육 회사였다. 새롭고 창의적인 영역을 개발하려고 나를 영입했던 것이다. 그러다 보니 그 회사에서 작가라는 자리는 내가 처음이었기 때문에 나에게 뭘 시켜야 할지 그분들도 잘 몰랐다. 나도 출근해서 뭘 하긴 해야 하는데 딱히 할 건 없고 곤란했다. 그래서 거기 있던 교육 관련 책을 참 많이 읽었다. 할 일이 없는데 그렇다고 놀 순 없으니까.

Q. 작가는 거의 프리랜서 근무 형태로 알고 있는데 그 회사는 아니었나?

상주였다. 상주라고 해도 보통 작가들은 직장인처럼 9시 출근, 6시 퇴근이 거의 없다. 누가 출퇴근 시간을 따로 말하지 않아 당연히 이전 일터처럼 실제 업무시간에 맞춰 출근했는데 그러기를 일주일쯤 하니 높으신 분이 나를 호출했다. 여기 분위기가 있으니 8시 30분에 출근하고 6시에 퇴근하라고 주의를 들었다.

Q. 처음부터 그런 부분을 확실히 했으면 좋았을 텐데, 괜찮았나?

그래도 좋은 분들이라 내 편의를 많이 봐줬다. 내가 답답해하는 걸 알고 중간에 공원에서 바람 좀 쐬고 오라거나, 카페에서 글 쓰다 오라고 하시기도 했다. 그런데 상무님은 나를 싫어하셨다. 출근 시간이 8시 30분인데, 상무님이 매주 8시 반에 회의를 열었다. 회의실은 내가 일하는 사무실과 다른 건물이라 사무실로 출근했다가 회의실에 가면 시간이 빠듯해서 가끔 상무님보다 늦을 때도 있었다. 그래서 싫어했나?

상무야 참석만 하면 되지만 회의 준비하는 직원들은 더 일찍 출근해야 했을 텐데… 윗사람 시간은 금이고 직원들 시간은 똥인가…

Q. 그래서 그 회사에서의 생활은 어땠나?

뭘 해야 할지 몰라 교육 관련 책을 읽었던 기간은 처음 며칠 뿐이었다. 적응기간이 끝나고 나서는 작가와 기획자를 넘나들며 밤 12시까지 일했다. 그 회사와 계약이 끝나갈 때쯤 한 공중파의 DMB 프로그램에서 작가 제의가 들어왔다. DMB 는 최전방 방송처럼 상업적이지 않고, 방송국에서도 별로 신경을 쓰지 않아서 제의를 수락했다. DMB 프로그램의 작가로 2년 반 동안 일하면서 하루에 책을 3권 읽고 그 책을 소개하는 원고를 썼다. 업무량이 많아 힘들었지만 원하는 대로 글을 쓸 수 있는 건 참 좋았다.

늦게까지 일한 다음 날은 좀 늦게 출근하게 해주지. 밤 12시까지 일해도 야근 수당 안 줬을 것 같은데…

Q. 다큐멘터리 작가, 책 소개 프로그램 작가, 라디오 작가, 기업 사내방송 작가, 광고기획 작가 등 작가로서 다양한 일을 했다. 어떤 글을 쓰는 게 가장 즐거웠나?

확실히 창의력이 필요한 창작이 가장 즐겁다. 최근에 웹드라마 제의를 받아 시놉시스를 썼는데 그 일이 가장 재미있었다.

Q. 다시 하고 싶은 분야가 있다면?

라디오 작가다. 규칙적인 부분이 좋다. 글도 매일 쓸 수 있고.

Q. 규칙적인 게 좋다고? 규칙적인 회사에서 답답해하지 않았나? 의외다.

규칙적인 일이 답답한 것이 아니다. 딱히 마쳐야 하는 일이 없음에도 굳이 그 시간에 자리를 지켜야 한다는 상황이 답답했다. 출근시간이 8시였던 라디오 프로그램도 했었다. 그날 그날 출연자 발굴부터 기획 회의, 섭외, 대본, 인터뷰 등 정말 알차게 바빠서 재미있었다. 매일 사람들을 만나는 것도, 매일 글을 쓰는 것도, 청취자와 소통하는 것도 좋았다. 라디오는 듣는 사람들이 거의 정해져 있다. 사연 보내는 사람, 직접 참여하는 사람, 통화하는 사람⋯ 직접 대면하지는 않아도 모든 청취자와 매일 만나는 느낌이었다.

Q. 이미 알고 지낸 시간이 상당한데 인터뷰를 하다 보니 모르는 부분이 많았다는 생각이 든다. 마지막으로 하고 싶은 말이 있나?

얼마 전에 어린 딸의 희귀병으로 다큐멘터리에 출연했던 분을 만난 적이 있다. 출연 당시 어땠는지 여쭤봤는데, 그 방송 덕분에 딸이 수술을 받을 수 있었고, 응원해주는 분도 많다는 것을 알게 돼서 정말 좋았다고 말하더라. 나는 방송이 사람을 이용하는 게 싫었는데 오히려 방송을 이용해 사람을 돕는다고 생각할 수도 있겠구나 싶더라. 무엇이든 100% 나쁘다, 좋다 그렇게 나눌 순 없는 것 같다.

마지막 그녀의 말에 동감한다. 어떤 것이든 100% 좋다, 나쁘다로 나눌 수 없는 것처럼 참는 사람과 때려치우는 사람도 사실 정반대 개념이라고 단정할 수는 없다. 우리는 매 순간 참고, 동시에 때려치우며 살아가고 있으니까. 오늘 때려치워도 내일은 참을지도 모르고, 또 오늘 참은 것을 내일은 때려치울지도 모른다. 무엇인가에 대한 참음은 또 다른 어떤 것의 때려치움이 될 수도 있다.

간단하게 칵테일 한잔으로 시작했는데, 인터뷰 막바지 즈음에는 식탁 위에 우리가 먹어 치운 음식 접시가 가득했다. 무려 14년 동안의 이야기였다. 밝았던 창밖이 캄캄해질 때까지 그녀의 참음과 때려치움의 역사(어쩌면 성장기)가 이어졌다.

그녀는 시를 쓰기 위해 다른 글을 써서 돈을 벌었고, 주어진 일을 수행할 때 생기는 인간적 갈등을 꾹꾹 눌러 참았다. 그 달리기를 때려치우고 난 후에야 그동안 무엇을 어떻게 참아왔는지 스스로에게 열어 보일 수 있었다. 동의할 수 없는 프레임에 갇히기를 비로소 때려치운 것이다.

그녀는 여전히 참고 또 때려치우는 중이다. 결혼했으니 아기를 낳아야 한다는 거의 모든 한국인의 조언(?) 받아들이기를 때려치웠고, 아빠의 성을 따라야 하는 제도에 순응하기를 때려치웠다. 모두 다 가는 길을 벗어나 새로운 길을 걷자 따라오는 타인의 조롱 섞인 불신을 참아내고 있다.

이렇게 참고, 때려치우는 선택들로 짜인 세계가 그녀의 삶을 촘촘히 엮어나가고 있으며 그 삶 위에서 또다시 선택은 반복된다. 그렇게 채워지는 게 어디 그녀의 삶뿐이랴. 이런 선택들이 모여 인생의 결을 만들어가고 우리는 그렇게 늙는다.

우리는 오늘도 헤아릴 수 없이 많은 참음과 때려치움의 역사를 쓰고 있다. 각기 다른 재료로 이루어진 밀가루 반죽이 손안에서 둥글려지다가 숨을 쉬는 하나의 생명을 부여받는 것처럼 그녀의 인터뷰로 전해진 진심의 조각이 어느 순간 당신이 바라는 무언가에 합쳐져서 새로운 생명력으로 탄생하길 바란다. 조금씩 발견해가는 '나'를 만나기를…. 굿럭!

소크라테스의 변론

나는 왜 본업인 심리치료사와 아무 상관없는 웹 소설 작가를 하고 있을까. '직업 인터뷰'를 누가 하라고 등떠민 것도 아니고, 인터뷰해서 글 쓰라고 강요한 것도 아닌데, 대체 뭘 믿고 쓰기 시작했을까.

안 믿을지 모르겠지만, 사실 나는 초미세마이크로 자기검열 시스템을 24시간 풀가동해 끊임없이 수치심과 죄책감을 생산해내는 '작은 마음 공장' 공장장이다. 때문에 새로운 일에 도전한다거나, 타인에게 내 생각을 확신시키는 일이 상당히 불편하다.

일찍이 나의 지인들이 너는 글을 쓰면 좋겠다는 말을 해주었을 때에도 '내가 문창과 나온 것도 아니고, 문학 천재도 아닌데. 내가 무슨 글을 쓰느냐'는 생각은 변하지 않았다. 항상 나를 응원하는 특별한 친구가 진심으로 격려하며 끊임없이 넌 할 수 있다고 세뇌를 했어도 '난 못해 마인드'는 여전히 강건해서 무너지지 않았다.

영원무궁할 것 같았던 그 철옹성을 무너뜨린 사람은 가족도 친구도 아닌, 그냥 대충 아는 사람 A와 B였다. 전문가답지 않은 자칭 전문가 A와 B의 활발한 활동을 보고 자연스럽게 '아, 꼭 잘해야만 하는 건 아니니, 나도 할 수 있겠구나'라는 생각이 스르륵 들었던 것이다. 그전까지 나는 '이 정도면 나도 할 수 있겠다'라는 안정감이 있어야만 도전할 용기가 생기는 성격이었다. 하지만 그 철옹성이 무너진 것처럼 성격이라는 것도 불변고정은 아니더라.

세상의 모든 일을 100% 좋다, 나쁘다로 구분할 수 없는 것처럼 나라는 인간도 100% 이렇다, 저렇다 구분 지을 수 없고 내가 가진 어떤 점도 100%로 좋다, 나쁘다로 규정할 수 없다. 심지어 내가 보기엔 약을 팔고 있는 것이 확실한 A와 B도 그 존재와 활동에 대해 100% 좋다, 나쁘다 단정할 수 없다. 그들의 활동으로 도움을 받고, 만족하는 사람도 분명히 있으니까.

나는 당신이 스스로에 대해 항상 최선을 다해 궁금해하길 바란다. 끈덕지게 붙어 있는 나의 나쁜 점이, 과연 지구 끝까지 나쁜 놈일지 아닐지, 나를 규정하는 많은 조건에 좋고 나쁨의 구분을 걷어내면, 그 안에 있을 무언가를 발견해내길 말이다.

02

어쩌다
초등학교 선생님

✕

"쉽게 포기하면
무언가를 놓칠지도
몰라요"

\# 태어나서_한_번도_교사_외에_다른_일을_꿈꿔본_적_없음
\# 뼛속까지_교사
\# 역시_아이들을_생각하면_참을_수밖에
\# 아이들이_우리의_미래
\# 교사가_월급도둑_되면_우리_미래가_캄캄

김영선 교사

어릴 때부터 꿈꾸던 초등교사가 되기 위해 교대에 입학했다. 졸업 후 현재까지 18년 동안 감동과 꿈을 주는 선생님이길 바라며 인천의 한 초등학교에서 근무하고 있다.

왜 때려치웠나?

선생님 외에 다른 직업 꿈꾸기를 때려치웠다고 할까. 애초에 다른 꿈을 꾼 적이 없다.

왜 참았나?

교육 이외의 업무 과중, 교권 추락, 놀고먹는 편한 직업이라는 편견 등 노력하는 교사이길 포기하게 만드는 요소가 많고, 그런 상황 때문에 정말 중요한 아이들의 교육이 뒷전으로 밀릴까 봐 두렵다. 아이들은 관심과 노력으로 정말 많이 달라질 수 있다. 월급도둑이 아닌, 교사로 살기 위해 노력하는 이유는 역시 가능성이 무한한 아이들을 포기할 수 없기 때문이다.

'꿀 직업'도
고민을 하나요?

초등학교 교사
김영선

사실 나는 트라우마가 있다. 나의 초등학생 시절은 조롱, 차별, 폭력이라는 단어로 얼룩져 있다. 상처뿐이라 일부러 떠올리지 않으려고 한다. 게다가 나는 개그 욕심이 있는 사람인데 초등학교 교사를 인터뷰해야 한다니, 어쩐지 경직된 인터뷰가 될 것 같은 느낌이다.

하지만 이런 나에게도 인생 선생님이라 할 만한 사람이 있다. 사실 그 선생님이 지나가듯 던진 한마디가 지금의 나를 만들었다고 해도 과언이 아니다. 어린 내게 길을 열어준 것은 신뢰하는 선생님의 말 한마디였다.

당신이 생각하는 선생님은 어떤 모습인가? 늘 초등교사가 꿈이었고 한 번도 꿈이 바뀐 적이 없다는 그녀는 교사를 하려고 태어난 듯하다. 사회복지사의 아내이자 삼남매의 엄마인 김영선 교사를 만나보자.

Q. 어떻게 초등학교 교사를 하게 되었나?

어릴 때부터 엄마의 세뇌(?)가 있었다. 어머니 학창시절에 교대는 등록금이 없었고 성적이 좋으면 장학금도 줬다는 이유였다. 물론 내가 다닐 때는 안 그랬지만. 고2 때쯤 진로 고민을 진지하게 했는데 그때 아이들이 꿈을 찾고 잘 성장할 수 있게 돕는 교사가 되자고 결심했다.

Q. 직업 선택의 이유가 모범적이고 올바른 것이 참으로 선생님답다. 교사를 제외한다면 하고 싶은 다른 일은 없었나?

음, 동화를 쓰고 싶었다.

와우. 이 대답마저도 선생님다운 당신은 본 투 비 선생님.

Q. 동화작가를 꿈꾸었나?

꿈까지 꾼 건 아니고. 지금도 동화가 많지만 내가 어릴 땐 창작동화가 정말 붐이었다. 그때 동화책에 푹 빠져 살았는데 그중 가장 많이 본 책이 《아프면서 크는 아이》, 《바람을 달리는 소년》이었다. 상처 입은 아이들이 학교생활 중에 선생님과 친구들을 통해 치유받는 내용이었는데 그런 책을 통해 위로를 많이 받았다. 그래서 그런 동화를 쓰고 싶다는 생각이 있었다.

Q. 실제로는 어떠했나. 롤모델로 삼은 선생님이 있었나?

좋은 선생님은 많았지만 내 마음을 울리고 내 인생에 영향을 끼친 선생님을 만나지는 못했다. 책을 보면서 '이상적인 교사'에 대한 동기부여를 한 것 같다.

Q. 하고 싶다고 다 할 수 있는 건 아닌데, 어릴 때부터 우등생이었나 보다. 교대 입학 후는 어떠했나?

나는 성적 맞춰서 간 것도 아니고 진짜 장래희망이 교사라서 입학했는데도 정말 너무 재미없었다. 고등학교랑 크게 다르지 않았다. 졸업이수학점이 156학점이고 그중 내가 선택할 수 있는 교양이라고는 한 학기에 1~2과목이 다였으니까. 대학 2학년 때 아이들을 초대해서 함께 노는 '어린이 대동제'라는 행사를 했다. 아이들을 데리고 준비된 행사 부스로 인솔해서 재미있게 놀도록 돕는 인솔 도우미를 했는데 정말 힘들었다. 요령이 없어서 실수도 많이 했는데 아이들한테 미안하고 창피했다. 내 길이 정말 교사가 맞나 심각하게 고민했다. 그때까지만 해도 교사는 잘 가르치기만 하면 되는 줄 알았다. 교사는 아이들을 대하고, 학부모를 대하는 대인 직업인데 말이다. 그걸 깨닫고 거의 일주일을 앓았던 것 같다.

Q. 지금은 웃으며 말하지만 그때는 심각했을 것 같다. 추호도 의심하지 않았던 장래희망이었는데 좌절감을 처음 맛봤으니…. 어떻게 극복했나?

다른 일을 생각해본 적이 없어서 계속 갈 수밖에 없었다. 시간이 지나면서 충격이 조금씩 잊혔고 졸업 전에는 어떻게든 되겠지 싶었다. 그 일을 계기로 교사는 아이들을 대해야 하는 직업이라는 기준이 확실하게 각인되었다. 지금 생각해보면 그때 그 경험을 한 게 참 다행이라는 생각이 든다.

뾰족한 차선책이 없어서 현재를 유지하기로 결정했더라도 그 고민의 흔적은 결국 자기 자신을 키운다. 그러나 지금 어쩔 수 없는 현실에 고민만 많다고 해서 스스로를 못났다고 너무 몰아세우지 말기를…. 어디 아이들만 자라나? 어른들도 자란다. 365일.

Q. 요즘 청소년들이 스스로 생각하고, 미래를 선택하는 것 자체가 굉장히 어려운 게 현실이다. 부모의 추천으로 교대 입학을 선택하는 경우도 많을 것 같다.

굉장히 많다. 점점 더 심해진다. 전교 1, 2등 했던 학생이 교대 입학 후 자신이 생각했던 바와 너무 달라 후회하는 경우도 봤다. 그래도 예전에는 교대생 중 80~90%는 교사가 됐지만 지금은 다르다. 교대 입학이 곧 교사 임용으로 이어지는 시대가 아니다.

Q. 교사는 일반 직장보다 일찍 퇴근하고, 방학에 쉰다는 점이 장점인 것 같다. 사실 다른 업종 종사자 시각으로는 편해 보인다. 어떤가?

좋은 점이라는 것은 인정한다. 그러니 좀 힘들어도 참으라는 말도 이해는 한다. 하지만 아이들 교육 환경에 대한 말은 흘려듣고 '넌 그래도 방학 때 쉬잖아' '교사가 하는 게 뭐 있어'라는 결론으로 흘러갈 때가 많다. 주 업무인 교육을 제대로 할 수 없을 정도로 업무가 많다는 말에도 마찬가지다. 현실적으로 요즘 교사는 수업과 타 업무 중 무엇이 주 업무인지 분간할 수 없는 상태다. 힘드니까 편의를 봐 달라는 게 아니다. 교사가 아이들을 위해 존재한다고 생각한다면 교사들의 목소리를 들어야 한다.

Q. 감정적인 판단이야 어쩔 수 없다 치더라도 아이들의 교육을 방해하는 과중한 타 업무는 짚고 가야 할 것 같다. 교육 외의 업무가 어느 정도인가?

다 다르겠지만, 내 경험 중 담임과 방송반 지도교사를 맡았을 때였다. 요즘 방송반은 동영상 작업을 많이 하는데 학교에서 8시까지 작업을 해도 끝나지 않아 집에서 새벽 1~2시까지 작업을 해야 마칠 수 있는 일이 계속 있었다. 학기 중 2/3 정도. 지금 말한 시간은 수업 준비를 제외한 동영상 편집만 하는 데 걸리는 시간이다. 행사나 홍보 관련 일이 있을 때는 수업 중이라도 부르면 가야 한다. 아이들을 그냥 두고 나가니 엉망이 될 수밖에 없다. 이건 아주 일부분이다.

Q. 아이들의 태도도 예전과는 다르다고 알고 있다. 반항이나 말썽은 어느 정도인가?

예전에는 교사의 말에 권위가 있었다. 하지 말라고 하면 안 하는 척이라도 했다. 제자 중에 수업시간에 계속 큰 소리로 떠드는 아이가 있었다. 그 해 우리 반 수업시간에는 스피커가

두 명이었다. 한 명은 나, 다른 한 명은 그 제자. 얼마 전 교사를 폭행, 성희롱하는 초등학생이 5년 새 3배 증가했다는 기사를 봤다. 딱 그 기간이 내가 휴직한 때라 사실 감이 안 잡히는데 기도하는 마음으로 복직을 준비하고 있다.

Q. 일부 학부모들의 과도한 교권 침해와 공교육계 교권 추락도 문제되고 있다. 아이들 훈육을 위해 취할 수 있는 조치의 범위가 어느 정도인가?

학교마다 차이가 있지만 얼마 전에 전달받은 소식으로는 대화를 나눌 심산으로 방과 후에 아이에게 남으라고 한 것에 대해 관리자의 제재가 들어왔다고 한다. 혼자 남으라고 하면 뭔가 문제가 있는 것처럼 보이지 않느냐며 아이의 자존감 낮아지니 그렇게 하지 말라는 학부모의 항의가 있었고 관리자는 그 항의를 받아들였던 것이다.

Q. 그러면 쉬는 시간, 점심시간에 불러도 마찬가지 논리로 항의할 수 있지 않나. 그럼 훈육이 필요한 아이에게 뭘 어떻게 해야 하나?

학부모가 그렇게 나오면 교사는 정말 아무것도 할 수가 없다. 아무런 조치도 못하는 사이에 학교 폭력이라도 일어나게 되면 그 책임은 교사에게로 넘어온다. 그런 일부 학부모에게 교사로서, 세 아이를 키우는 엄마로서 꼭 말해주고 싶다. 정말 아이를 생각한다면 지금 당장의 훈육이 싫더라도 잘못했을 때 잘못이라는 걸 알려줘야 한다고, 또 그걸 막으면 진짜 문제가 생긴다고 말이다. 심각한 문제가 발생한 이후에는 이미 아이의 생각이 굳어져 되돌리기가 더 어려워진다.

Q. 이런 현실 때문에 그만둔 교사도 있나?

별로 없다. 애초에 교사의 문턱이 높기 때문에 쉽게 그만두지 않는다. '정치외교학과 나온다고 다 정치인하는 건 아니지 않느냐'라며 교대생이 교사를 못하는 것도 똑같다는 말을 들었다. 전혀 다르다. 일반대학 졸업생은 전공이 달라도 학교 네임 밸류에 맞춰서 취직하지만, 교대 졸업생은 학교 외의 사회에서 동일하게 받아주는 분위기가 아니다. 교대는 교사 양성 특수 대학교다. 4년 동안 다른 분야는 생각할 여지없이 오직 교사 교육, 교직만 배운다. 조금 전에 요즘 고등학생은 꿈을 꾸기도 힘든 상황이라고 말한 것처럼 교대 졸업생은 교사 외에 다른 어떤 걸 생각할 수 있는 상황이 아니다.

Q. 교사나 공무원은 승진만 포기하면 위에서도 어쩌지 못하는 '언터처블'이라고 알고 있다. 그만두긴 어려우니 교사로서 노력하기

를 포기하고 아이들을 방치할까 우려된다.

맞다. 처음엔 잘해보려고 시작했더라도 아이들은 예전과 다르고, 반항하는 아이들을 조치할 수 있는 방법은 없고, 그 아이들로 인한 책임은 교사에게 돌아오고…. 그런 어려움을 함께 고민하고 해결하려는 상사도 없다는 생각에 열정적인 교사이길 포기하는 경우도 있다. 그냥 시키는 일 대충하고 월급 받고…. 그럼 그 피해는 아이들에게 돌아간다. 그게 정말 무섭다.

교사의 때려치움은 단순한 퇴사라기보다 선생님이기를 포기하는 형태인 듯하다. 그렇다면 아이들은 어떡하지?

Q. 그런 교사가 있다면 큰일 아닌가? 아무런 조치가 없나?

그래서 교육부가 교사평가제라는 걸 만들었다. 불량교사를 찾아내서 퇴출하자는 건데, 이건 정말 목적과 취지를 전혀 반영하지 못하는 제도다. 문제는 '어떻게' 평가하느냐다. 교사는 분업 형식의 일반 직장과 다른 각개전투 형식이다. 교사평가제는 학생, 학부모, 동료 교사가 각각 교사를 평가하는 방식인데, 아이들에게 좋은 사람이란 그냥 원하는 걸 들어주는 사람이다. 수업이 어떻든 아이들에게 쉬는 시간 많이 주고, 사탕 사주면 점수가 높아진다. 학부모는 어쩌다 한 번 학교에 오거나 전화 상담을 할 뿐이다. 그 정도로 교사의 교육 철학이나 수업의 질을 알긴 힘들다. 동료 교사도 마찬가지다. 자기 수업이 아닌 다른 교사의 수업을 제대로 볼 기회는 아예 없다.

Q. 다른 좋은 부분도 있겠지만, 제도와 상황이 이 지경이라면 좋은 교육은 힘들 것 같다. 초등학교 공교육에 희망이 있나?

이번에 4~5년간 육아휴직을 마치고 복직하게 되어 학교에 방문해보니 많이 달라졌다는 느낌을 받았다. 물론 학교마다 다르겠지만 교육에 더 집중하는 분위기로 바뀐 것 같아 고무적이었다. 그럼에도 근본적으로 개선해야 할 것은 교사 양성 및 선발과정이라고 생각한다. 교사는 성적순으로 뽑는다고 좋은 게 아니다. 해외의 교육 강국을 보면 교사들이 내린 평가에 대해 절대적으로 수용한다. 그 말은 곧 교사의 전문성을 인정한다는 건데 교사는 원래 스스로 교육과정을 설계하고 평가할 수 있는 전문성을 가져야 한다. 권한을 달라는 게 아니라 교사라면 당연히 전문성을 가질 수밖에 없는 환경을 만들자는 것이다.

Q. 어떻게 해야 하나?

나쁜 사람이 되는 상황을 만들어놓고 잡히면 자르겠다는 방식은 해결책이 될 수 없을뿐더러 교묘하게 제도를 기만하는 변태적인 문제를 만들게 될 뿐이다. 전문성을 가진 교사가 아이들의 교육에 집중할 수 있도록 다른 상황이 받쳐줘야 한다.

Q. 구체적으로 생각해둔 방안이 있나?

전문성 함양의 대안으로 일본에서는 사토 마나부 교수의 주도로 여러 학교에서 수업을 촬영해 서로 동영상을 공유해 의논하고 피드백하는 방법을 시행했다. 이 방법이라면 수업의 질 향상에 확실히 도움이 된다. 그렇다고 상명하달 방식으로 시행하면 역효과를 불러올 수도 있으니, 학교와 교사를 충분히 설득해서 취지를 이해하고 공감대가 형성되었을 때 시행하면 좋겠다. 그러면 정말 수업이 바뀌고 학교가 바뀔 수 있다고 생각한다.

Q. 지금 당장 모든 문제의 해답이 딱 떨어졌으면 좋겠지만, 인생 만사가 원래 다 어렵지 않은가. 그럼에도 노력하는 교사이길 포기하지 않는 이유는 무엇인가?

그렇게 말하니 너무 거창하다. 아까 말했던 수업 시간 내내 큰 소리로 떠들었던 제자는 정말 똑똑한 아이였다. 학부모도 따뜻한 분들이고 훈육도 올바른 기준으로 했지만 이 아이는 정해진 기준에 맞춰야 하는 상황 자체가 상처였던 것이다. 교사 생활을 하면서 아이들이 악해서 그런 행동을 하는 게 아니라는 것을 알게 됐다. 그 시기에 믿고 품어주는 사람을 만나면 아이들은 성장한다. 그때 그 제자도 그랬다. 마치 '언제까지 참는지 보자' '이렇게까지 하는데도 정말 날 안 때릴 수 있겠냐'라는 느낌이었다. 힘들었지만 아이를 인간적으로 존중하고 대화하려고 애썼더니 1년이 거의 지날 무렵 신기하게도 아이가 변하더라. 이런 경험을 몇 번 하고 나니 아이들을 포기할 수가 없다.

아이들은 각자의 스타일과 성향이 있다. 성장하는 과정에서 이미 정해진 현실과 부딪혀 상처를 받을 수 있다. 그 현실을 이해하고, 받아들이기 위해 아이들은 성장통을 겪는다. 그게 어른들에게는 반항으로 보일 수도 있는 것이다.

Q. 공식 질문이다. 참는 사람과 때려치우는 사람 중 당신은 지금 어느 쪽이라고 생각하는가?

지금은 참는 사람이다. 너무 쉽게 포기하면 그 어려움들을 참고 이겨냈을 때 얻을 수 있는 무엇인가를 놓칠 수도 있다.

하지만 뚜렷한 목표와 판단 기준이 설 때까지 되묻고, 생각하고, 기다리는 시간을 충분히 갖는다면 때려치웠다고 해도 얻을 수 있는 무엇인가가 있으리라고 생각한다. 이 고민을 하고 있는 많은 사람을 응원한다.

우리는 모두 아이였다. 거의 잊고 살고 있지만 우리는 모두 난생처음 무엇인가를 경험하고 그 경험이 축적되어 세상에 둘도 없는 나 자신으로 살아가고 있다.

학교는 아이들이 자신을 발견해가는 작은 규모의 사회다. 그곳에서의 생활은 어른이 됐을 때 속할 큰 규모의 사회를 미리 경험하는 것이기도 하다. 무엇을 할 때 행복한지, 어떤 때에 창피한지, 싫었던 것이 어떤 계기로 인해 좋아지는지 등 타인과의 관계를 통해 자신을 하나씩 발견하는 경험을 한다. 그 경험을 통해 다시 자신을 형성해나가는 성장의 무대이기도 하다.

그 중요한 시기에 믿을 만한 어른이 옆에서 지켜봐주고 조언해주고 함께 울고 웃어준다면 아이에게는 얼마나 축복이겠는가. 내 어두웠던 학창시절의 기억 중에 그야말로 한줄기 빛과 같은 선생님이 계셨던 것처럼 아이들을 관심 있게 지켜보며 희망을 보여줄 수 있는 믿을 만한 어른이 있다면 말이다.

당신이 품고 있는 초등학교 교사의 이미지는 어떤가? 직장인이 업무 많은 거야 당연하고 긴긴 방학을 휴가로 쓸 수 있으니 그저 배부른 소리를 하는 것 같은가? 하지만 그 점에만 집중해서 그들의 힘들고 아프다는 목소리를 외면한다면 그들도 아이들의 목소리를 외면할 수밖에 없을 것이다. 그들도 우리와 같은 사람이니까.

움직일 때마다 전기 충격이 가해지는 케이지에 갇힌 개는 움직이기 때문에 아프다는 사실을 깨닫게 된다. 그렇게 학습된 개는 움직이지 않게 되고, 전기 충격을 가하지 않는 상황이 와도 여전히 움직이지 않는다. 심지어 같은 케이지 안에 다른 개들이 자유롭게 움직이는 걸 보면서도 말이다. 미국의 심리학자 마틴 셀리그만(Martin Seligman)이 발견한 '학습된 무기력'에 대한 설명이다.

학습은 비단 아이들에게만 해당하는 것이 아니다. 우리는 모두 생각하고 행동하며 그 결과를 보고 느끼는 것으로 학습하고 있고 그 학습의 결과로 우리의 모습을 만들어나간다. 누군가의 어떤 선택은 다른 누군가에게 한줄기 빛이 되는 학습의 문을 열어줄 수도 있고, 또 어떤 경우에는 성장을 방해하는 학습을 각인시킬 수도 있다. 꼭 교사가 아니더라도 말이다.

오늘 그녀가 전해준 진심이 의미 없이 버려지지 않았으면
한다. 자신의 선택이 타인에게, 또 자기 자신에게 어떤 학습
의 문을 열어주고 있는지 짧게나마 생각해볼 수 있는 시간이
었기를 바란다.

우리는 지금도 자란다

상담심리를 전공하던 학부 시절, 그때 배웠던 여러 상담이론 중 전문적이지 못하다고 느꼈던 이론이 칼 로저스(C. R. Rogers, 1902~1987, 미국 심리학자)의 인간중심치료(Person centered therapy) 이론이었다. 이제 막 상담의 기초를 배운 내 눈에는 허술하게만 보였다. 그런 학문을 배운다는 게 미래의 상담자로서 부끄럽다며 동기들에게 아주 침을 튀기며 욕했었다.

오해하지 마라. 나는 이상한 사람이 아니다. 이해심에서 둘째 가라면 서러운 '이해 대마왕'이다. 한번 생각해보라. 상담 기법이 이해, 수용, 진실성이란다. 물론 이론의 설명이 이것뿐인 것은 아니지만, 상담자가 내담자를 이해하고, 수용하고, 진실하게 대하는 게 당연하지 그게 어떻게 상담 기법이 되느냐는 말이다.

"우리가 상대(내담자)에게 함부로 개입하지 않는다면, 그들은 석양이 지는 것처럼 경이롭고 아름답게 보일 것이다. 나는 석양이 지는 것을 통제하려고 하지 않는다. 단지 그것이 하늘에 펼쳐질 때 경외심을 갖고 바라볼 뿐."
                                                              -칼 로저스

나는 "내담자한테 오냐오냐 좀 해주다 보니 소 뒷걸음질 치다가 쥐 잡은 격으로 어쩌다 좋은 결과가 나왔겠지. 어찌 오냐오냐가 치료가 될 수 있냐! 그런 비전문적인 주장은 동네 사랑방 방장님한테나 해라!" 하고 야유를 보내고 그랬다. 지금 되돌아보니 정말 무식하면 용감하다고…. 나는 참으로 용감했다. 욕해서 미안해요, 로저스.

학부를 마치고 좀더 세분화된 석사 전공을 선택하기까지 나는 아동심리만큼은 전공하지 않으리라는 신념(?)이 있었다. 참 많은 일을 겪고 또 참 많은 갈등을 겪은 끝에야 비로소 인간의 생애 초기, 즉 아동을 이해하지 못하면 인간을 이해하지 못한다는 생각에 다다르게 되었다. 결국 그렇게도 싫다던 아동심리로 석사를 시작했다.

그리고 아동들의 심리를 치료하면서 알게 되었다. 로저스 할아버지가 했던 말이 어떤 의미인지 말이다. 아이의 성장을 가로막는 방해물을 없애면, 아이는 자신이 가지고 있던 본래의 모습을 찾게 되고 그렇게 문제는 해결된다. 그렇다면 다 큰 어른은 어떨까? 어른의 성장을 가로막는 방해물도 없앨 수 있지 않을까?

03

어쩌다
베이커리 주인장

×

"함께해서
견뎌온 것 같다"

가족사업_동반성장
트랜드_리더가_만든_빵
예쁘지_않은_건_먹지도_마라
성장_없는_정체_자체를_못_견디는_성격
타고난_사업가

이희주 대표

TV 연예인 스타일리스트, 의류 매장 운영을 거쳐 대한민국 1세대 여성의류 인터넷 쇼핑몰을 시작했다. 연 350억 원 정도의 매출을 올렸지만 잘못된 경영신념으로 폐업 수순을 밟은 후, 서울 강서구 작은 골목에 빵집을 열었다. 개업 1년 만에 이곳은 서울 3대 빵집이 되었다.

왜 때려치웠나?

유행에 따라 가치가 달라지는 상품은 그만큼 손실이 크다. 매출 증대를 위한 노력 못지않게 행정, 세무와 같은 관리가 중요하다는 사실도 알게 되면서 관심 없는 파트는 담당 직원을 채용해 맡기면 된다는 생각을 때려치웠다. 내가 모르면 내 사업이 잘될 수가 없다.

왜 참았나?

개인 생활 없이 일에만 매진하는 게 힘들지만 내 스타일대로 개성 있고 창의적인 빵, 보기만 해도 행복한 빵을 만드는 자부심과 보람이 있다. 지금의 힘든 과정이 내가 꿈꾸는 미래를 그리는 과정이니까 힘들어도 참을 수 있다.

1등 의류쇼핑몰에서
서울 3대 빵집으로

타르데마 베이커리 대표
이희주

2016년, 우장산역 근처 주택가 골목에 정체불명의 예쁘고 작은 가게가 생겼다. 뭐 하는 곳인지 간판도 없다. 커피를 파는 것 같긴 한데 카페는 아니고, 벽에 붙은 선반에는 정사각형으로 네모 반듯한 빵 하나가 있었다. 조심스레 들어가 둘러보았다.

하나 남아 있던 네모난 빵은 '생크림 치즈 마블'이라는 식빵이었는데, 급히 사서 한 입 먹어보니 이전에 내가 알던 빵의 맛이 아니었다. 부드럽고 촉촉한 달콤함과 페이스트리 같이 겹겹이 씹히는 식감에 반해 잘하지도 않던 블로그에 리뷰 포스팅도 했다.

당시 그 빵집은 오픈한 지 얼마 안 됐었고, 블로그 리뷰는 내 글이 처음이었다. 녹색 검색창에 그 빵집 이름을 치면 내 블로그가 바로 나오는 게 어찌나 신기하던지…. '아, 사람들이 이 맛에 블로그를 하는구나' 하고 감탄했다. 그렇게 뿌듯하고 신날 수가 없었다.

지금은 이 빵집 이름을 치면 너무 많은 리뷰와 기사가 쏟아져서 내 블로그는…. 어디 있니? 찾을 수가 없다. 흑.

빵 좀 씹어본 사람이라면 한 번쯤 들어봤을 이름, 타르데마 베이커리. 이번 인터뷰의 주인공은 타르데마 베이커리의 이희주 대표다.

2016년 7월, 그녀는 남편과 동생이랑 함께 간판 없는 작은 빵집을 열었다. 이곳은 지금 비가 오나 눈이 오나 폭염주의보가 떨어지나 오픈 전부터 항상 손님들이 줄을 서서 기다리는 명실 공히 '서울 3대 빵집'이 되었다.

자영업하기 힘들다는 한국에서 이렇게 빠른 성장이라니…. 대체 뭐죠? 무엇 때문이죠?

역시나 인터뷰에 빠질 수 없는 먹거리와 함께 일주일간 가장 바쁘고 힘든 열정을 불태운 토요일 저녁, 예쁜 타르데마 베이커리에서 이희주 대표와 참음과 때려치움을 주제로 이야기를 나눴다.

Q. 현재 타르데마 베이커리를 경영하기까지 간단한 직업 변천사를 말해 달라.

20대 초반에는 스타일리스트 활동을 했다. 엄정화의 〈배반의 장미〉, 김지현의 〈캣츠 아이〉를 함께했고 그룹 솔리드의 스타일링을 맡았다.

잠깐, 엄정화의 〈배반의 장미〉? 학교 쉬는 시간에 머리는 삐죽삐죽하게 거꾸로 올려놓고 책상 사이사이를 뒷걸음질로 누비며 춤추고 비명 질렀는데…. 이 스타일링을 하셨다고요?

Q. 그 당시 전국이 들썩일 정도로 유행이었다. 스타일리스트는 어떻게 하게 됐나?

당시에는 코디네이터라고 했다. 친구가 패션잡지에 실린 코디네이터 채용공고를 보고 면접을 보러 간다면서 나에게 같이 가자고 해서 시작하게 됐다.

역시 방송연예 분야의 단골 진출 통로는 친구로구나.

Q. 스타일리스트에 대한 대우가 지금보다 더 안 좋았을 때다. 힘들어서 그만두고 다른 일을 시작한 건가?

그때 진짜 고생했다. 그때는 남대문 시장이 지금처럼 활성화되기도 전이었다. 동대문 시장에 가서 원단 사오고 직접 하나하나 의상을 만들었는데 월급은 정말 차비 정도였다. 힘든 건 둘째 치고 비전이 보이지 않아서 그만두고 의류 매장을 열었다. 당시에는 DAUM카페가 활성화된 때라 사진을 찍어 카페에 올리면서 온라인 판매를 시작했다. 온라인 매출이 많아지면서 매장을 정리하고 본격적으로 인터넷 의류 쇼핑몰을 개설했다. 그때가 아마 2002년쯤이었다. 그 일을 오래 하다가 정리하고 2016년에 타르데마 베이커리를 열었다.

Q. 1999년부터 인터넷 사용이 활발해졌다는 걸 생각해보면 2002년에 인터넷 의류 쇼핑몰 창업 아이디어는 정말 획기적인 모험 같다. 어떻게 결정하게 됐나?

그때만 해도 옷은 무조건 입어보고 사야 한다는 인식이 있었다. 인터넷 의류 쇼핑몰이라는 개념이 거의 없을 때라 큰 도전이긴 했지만, 이미 인터넷 카페에서 판매해본 경험도 있

고 좋은 상품을 계속 올리면 고객들도 알아줄 거라는 확신이
있었다.

Q. 인터넷 의류 쇼핑몰 운영의 어떤 점이 본인과 잘 맞았나?

원래 패션과 뷰티에 관심이 많았는데 '이렇게 하면 좋겠다'
'저렇게 하면 더 이쁘겠다'라는 생각을 그대로 옷으로 구현할
수 있는 점이 가장 좋았다. 퀄리티 있는 예쁜 옷을 만들고, 화
보를 기획하는 등 모든 과정이 행복했다. 그렇게 내놓은 옷을
고객들이 좋아해준다는 것이 기쁘고, 덕분에 스타일이 좋아
졌다는 후기도 고마웠다. 그런 고객이 점점 늘어나는 걸 보면
서 힘을 냈던 것 같다.

**Q. 새로운 분야의 개척이었다. 생각지도 못한 어려운 일이 생기거
나 그만두고 싶다는 생각이 들 때는 없었나?**

당시 국내에는 쇼핑몰 관리 프로그램이 없었다. 재고, 매
입, 매출을 다 수기로 관리했는데 배송량이 늘어나면서 오배
송이 생기기 시작했다. 새로운 분야다 보니 기존에 했던 방
식이라는 게 없었고 생겨나는 모든 문제에 스스로 해결책을
만들어야 하는 점이 정말 어려웠다.

Q. 그래서 어떻게 했나?

수기 기록으로는 경영이 불가능하다는 판단으로 메이크샵
(쇼핑몰 창업 사이트)과 업무 제휴를 맺어 1년 동안 이용 통계를
내고 연구와 수정을 거쳐 국내 최초로 쇼핑몰 관리 프로그램
을 개발했다. 그때 오배송을 줄이기 위한 의류 바코드도 처음
도입했다. 이후 오배송률이 0.2%로 낮아졌다.

Q. 규모가 꽤 컸나 보다. 어느 정도였나?

꽤 오랫동안 인터넷 의류 쇼핑몰 매출 1위였다. 그때 기준
으로 어떤 날은 하루에 2억 원 매출이 있을 때도 있었다. 연
매출은 거의 350억 원 정도였다.

네? 하루에 2억이라니요! 말이 안 나오는 대성공이다.

Q. 그 일을 도대체 왜 그만둔 건가?

그에 비해 순이익은 별로 없었다. 이미 말했듯 인터넷 쇼핑
몰 초기였다. 지금 같은 영업 상황과 제도는 세팅되기 전이었
다. 매출은 계좌이체나 카드 결제니까 이력이 다 남는데 세금
계산서나 기타 증빙 없이 현금으로만 거래하는 업체가 많아

매입 증명이 어려웠다. 번 돈은 많은데 쓴 돈은 증명할 수가 없으니 세금이 어마어마하게 나오더라.

Q. 답답했겠다. 그 밖에 또 다른 이유도 있었나?

게다가 패션 트렌드는 굉장히 빨리 바뀐다. 모델 섭외, 촬영에 비용을 투자해도 트렌드가 바뀌면 그냥 못 쓰는 거다. 결정적으로 잘못된 신념으로 아름다움 추구에 죄책감 비슷한 주눅이 들었다. 그러다 보니 원하는 걸 마음껏 펼치지 못했고, 새로운 도전이 위축되면서 패션 쪽 일 자체가 즐겁지 않았다. 마인드가 바뀌어서인지 매출도 서서히 떨어지더라. 자연스럽게 정리하게 된 것 같다.

Q. 아쉽다. 의류 대기업이 될 수도 있었는데…. 그런데 패션 사업 이후에 빵이라니 전혀 다른 요식업으로의 전환이 이채롭다.

의류 사업을 그만둔 이후로도 패션 쪽에서의 러브콜이 많았다. 다시 해볼까 고민한 적도 있다. 하지만 패션처럼 트렌드가 빨리 바뀌는 분야가 아닌, 무엇이든 하나를 개발하면 꾸준하게 이어갈 수 있는 일을 하고 싶었다. 그런 일을 찾다가 요식업을 생각하게 됐고, 그중 나에게 가장 잘 맞는 빵을 선택했다.

Q. 빵의 어떤 점이 잘 맞았나? 혹시 이전에 한 일과 비슷한 점이 있나?

이전에도 내가 만족하지 못하는 옷은 판매하지 않았다. 지금도 빵을 만들면서 내가 먹었을 때 맛있다는 생각이 들지 않거나 부실하다고 느끼면 차라리 만들지 말자는 생각이다. 비싸고 좋은 재료를 많이 넣으면 확실히 맛있고 알차다. 그만큼 순이익이 줄어들지만 그래도 남들과 똑같은 빵을 만들고 싶진 않다. 다른 곳의 빵보다 훨씬 더 좋은 재료들을 아낌없이 넣었다는 생각이 스스로 들어야 한다. 기존의 정형화된 빵과는 다르게 식빵 하나에도 다양성을 추구하고 창의적으로 만들고 싶다. 맛있는 건 물론이고 보기만 해도 행복해지는 빵을 만들고 싶다는 생각도 이전과 비슷하다. 아마 이익을 생각해서 신념을 버린다면 빵에 대한 흥미도 같이 없어질 것 같다.

Q. 그래서 그런가. 모양이 독특한 빵이 많고, 새로운 빵이 자주 나오더라. 새로운 빵에 대한 아이디어를 떠올리는 방법이 있나?

딱히 어디서 아이디어를 얻는 게 아니라 그냥 평소에 늘 빵 생각을 한다. 다른 일을 할 때에도 머릿속에는 '이번에는 이렇게 만들어볼까?' '이 식재료를 빵에 적용하면 어떨까?' 이런 생각뿐이다. 매일 새로운 조합으로 빵을 만들어보고 시식하기를 반복한다. 그렇게 수십 번 시도하면 새로운 빵 후보가 하나 나온다. 그 후보가 정식 메뉴에 올라가기 전까지는 또 수십 번의 테스트가 있어야 한다. 특히 '고양이(고르곤졸라 치즈, 양파, 2가지 치즈가 들어간 빵의 이름)'가 그랬다. 100번 이상 테스트했는데 나중에는 우리 빵집 식구들도 똑같은 것 좀 그만 만들라고 했을 정도였다. 지금은 시그니처인 '치토스'만큼이나 많은 분이 좋아해주어 뿌듯하다.

고3 때 등교하려 새벽 일찍 집을 나섰다가 하교 후 도서관에서 공부하다 새벽 늦게 집에 들어왔는데, 그 캄캄한 어둠 속에 불이 켜진 매장은 빵집뿐이었다. 문득 그때 생각이 난다.

Q. 지금 사이클은 워크와 라이프 밸런스가 잘 맞는가?

두 달 전쯤에 작업장을 따로 만들고 직원들과 그곳에서 함께 일하고 있어서 그나마 밤에 자고 낮에 일할 수 있게 됐다. 지금은 새벽 4~5시 출근하고 저녁 6시~8시에 퇴근하지만, 그전에는 10평 정도의 매장에서만 빵을 만들어야 하니 밤 11시에 출근해 밤을 꼬박 새우고 낮 5시에 퇴근했었다. 밤을 새우다 보니 신체 리듬이 깨져서 많이 힘들었다. 지금은 저녁에 퇴근하고 집에 가서도 카톡 주문 확인, 인스타그램 업로드 등 일이 많지만 예전에 비하면 훨씬 낫다.

Q. 역시 지금 하는 일의 가장 힘든 점은 고된 노동인가?

몸에는 무리가 많이 가는 게 사실이다. 무거운 빵 반죽을 계속 올렸다 내렸다 하니 팔과 손가락이 굵어지고 휘어졌지만 안 할 수가 없다. 예전 패션 쪽에서 일했을 때에는 힐을 안 신는다는 건 있을 수 없는 일이었는데 지금은 힐이 어디 있는지도 모른다. 하지 정맥류가 생겨서 스커트도 못 입는다. 예전에 알던 지인이 최근에 빵 사러 왔다가 화장 안 한 얼굴 처음 본다고 정말 크게 놀라고 돌아갔다. 예전에는 화장뿐 아니라 네일까지 완벽하게 꾸몄는데 지금은 불가능하다.

Q. 곧 타르데마 인터넷 쇼핑몰도 생긴다고 알고 있다. 이미 일이 많은데 택배 배송까지 추가되는 것에 대한 부담은 없나? 사업을 계속 확장하는 에너지는 어디서 생기나?

지금은 처음과 비교해 몇 배의 빵을 만드는데도 항상 손님에 비해 모자라다. 비가 오는 날이나 폭염주의보가 있는 날에도 오픈 전부터 항상 손님들이 줄을 서 계신다. 빵 맛을 알고 멀리서 찾아오는 분, 소화가 잘된다고 꾸준히 찾아주는 어르신, 아이에게 안심하고 먹일 수 있는 빵이라며 오는 아기 엄마 등 손님이 많다. 우리가 만든 빵을 믿고 찾아주니 정말 고맙고 열심히 해야겠다는 생각이 절로 든다. 고객이 원하는 때에, 편하게 우리 빵을 먹을 수 있으면 좋겠다는 생각이 항상 있었다. 폭염에 땀 흘리며 찾아오는 고객들을 보며 빨리 진행해야겠다고 마음먹었다.

Q. 참는 사람 vs 때려치운 사람 중 본인은 지금 어느 쪽이라고 생각하나?

참는 사람이다. 이 일을 하면서 혼자 운 때가 있었다. 3시간 정도 선잠 자고 캄캄할 때 혼자 출근한 적이 있었는데 그때가 봄이었나 그랬다. 지인이 문자로 보낸 벚꽃 사진을 보고 갑자기 서러워서 눈물이 났다. 울면서 '언젠가는 저도 이렇게 이쁜 꽃을 보러 다닐 날이 오겠죠?'라고 답장을 보냈다. 이루고 싶은 꿈을 향해 노력하는 중이니까 지금의 어려움은 꿈을 이루기 위한 과정이라고 생각했다. 그냥 참는 게 아니라 성장을 위한 인내 말이다. 그 과정을 통해서 얻는 게 더 크니까 참을 수 있다.

Q. 인내를 통해 이루고 싶은 꿈이 무엇인가?

문화공간을 만들고 싶다. 먹고 즐기기만 하는 공간이 아니라 그 안에서 신인 작가들에게 작품 전시를 할 기회를 제공하거나 플리마켓도 하고 싶다. 우리 공간에 찾아온 분들과 함께 문화를 공유하고 소통하는 게 지금의 꿈이다. 그렇게 시너지를 주고받을 수 있는 복합 문화공간에 잘 어울리는 빵을 만들 생각이다. 정말 기대된다.

Q. 그 꿈을 이룰 날이 머지않은 것 같다. 그때 또 인터뷰를 청하겠다. 오늘의 인터뷰는 이제 끝인데 마지막으로 하고 싶은 말이 있나?

오늘 인터뷰는 나 혼자 했지만 타르데마는 나, 남편, 동생, 이렇게 셋이 함께 꾸려왔다. 서로 다르기 때문에 의견 조율에 시간이 걸릴 때도 있지만, 각자 잘하는 부분도 다르다 보니 서로의 부족한 점을 채울 수 있었다. 우리의 이런 차이가 목적지까지 가는 시간을 조금 더 단축시킬 거라고 믿는다. 함께여서 이전의 실수를 반복하지 않고 잘 견뎌온 것 같다. 앞으로도 서로 시너지를 내고 함께 발전해나갈 거라고 생각한다.

❖❖❖

'참음'이라는 말은 짙은 회색빛인 줄만 알았다. 참음에서의 희망이라고는 때려치운 후, 그 참음의 끝이 오는 시간뿐이라고 생각했다. 하지만 참음이 '그저 살기 위해' '더 나은 대안이 없어서'가 아닌 '꿈의 실현을 위한 단계'로 존재한다면, 그리고 그 일이 행복하다면 그런 참음은 해볼 만하지 않겠는가.

패션과 뷰티에 관심이 많던 소녀가 커서 의류 쇼핑몰로 큰돈을 벌었다는 스토리에는 다른 말이 필요 없이 모두 고개를 끄덕일 것이다. 하지만 그 소녀가 커서 빵을 만든다면 자신에게 잘 맞는 일을 찾았다고 생각할 수 있을까?

신기하게도 여기 그런 사람이 있다. 알고 있던 자신의 재능과는 아무 상관없어 보이는 빵을 만드는 일을 하면서 그 일이 정말 행복하다고 한다. 그렇다면 패션과 뷰티는 그 소녀의 관심이 표현되는 통로 중 하나였다고 생각해보면 어떨까? 단지 이쁜 옷과 액세서리만이 아니라 완성도 있고 아름다운 무엇인가를 생각하고 만들어내는 도전을 사랑한 거라면?

어쩌면 우리는 우리가 알고 있는 몇 가지 기준들로 섣부르게 더 넓고 깊은 의미들을 규정지어버리는지도 모른다. 내가 생각하고 행동할 수 있고 행복할 수 있는 무대는 지금 가지고 있는 몇 가지의 계획보다 훨씬 더 넓고 무한할 수 있지 않을까? 나를 제한하는 규정을 만들어내는 보이지 않는 나를 찾을 수 있다면 말이다.

그만한 여자는 못 만날 것 같아요.

옷과 액세서리를 좋아했던 소녀가 커서 빵을 만들고 있다. 옷이 아닌 빵을 만들며 행복하다고 한다. 옷이랑 빵이 대체 무슨 상관이냐고, 난 빵 같은 거 관심 없다고 하지 않아서 정말 다행이다. 만약에 그랬다면 난 타르데마 빵을 못 먹었을 테니까.

인터뷰 이후 감정과 정서가 반영된 대상, 그 감정과 대상의 혼동에 대해 생각하다가 예전에 아는 동생과 나눴던 대화가 생각났다.

"연애는 할 수 있겠죠. 그래도 이제 그녀만한 여자는 못 만날 것 같아요."

내 앞에 앉은 녀석(주민등록증 출력한 지 5년도 채 안 된 꼬꼬마)이 세상 다 산 표정으로 소주 한잔을 기울이며 한 말이다. 그래 뭐, 내가 보기에만 꼬꼬마지 너도 누군가에겐 남자였겠고, 진실한 사랑도 했겠지. 녀석은 2년의 연애를 끝냈다며 아련함이 폭발하는 눈빛으로 소주잔을 바라보다 나를 쳐다보며 물었다.

"그쵸? 누나도 **이 알잖아요. 그런 여자는 이제 없겠죠?"

'나한테 물어보는 거야?'
"응. 없어"

녀석의 동공이 커졌다. 자식. 놀랐냐?

'에이~, 아니야. 세상에 여자가 얼마나 많은데. 얼마든지 만날 수 있어.'

이럴 줄 알았구나. 미안하다. 그런 누나가 아니라서.

그는 한 여자를 사랑했고 이별했다. 그리고 앞으로 그런 여자는 못 만날 것 같다고, 내 인생 최고의 여자를 놓쳤다고 괴로워했다. 나는 그를 위로해주고 싶었지만 그런 여자를 또 만날 수 있을 거라는 말을 하고 싶지는 않았다. 그녀는 유일무이한 존재다. 모조품을 찾는 게 아니고서야…. 그런 여자를 만날 수 없기도 하지만, 그런 여자를 만나느냐 여부가 그의 인생에 중요한 것은 아니라고 생각했기 때문이다.

그가 원하고 그리워하는 것은 자신의 세계를 뒤덮었던 사랑이었다. 그의 감정을 흔들고 사랑 안으로 들어와 자리 잡았던 그녀. 그녀가 떠나고 주인 없이 남아 있는 사랑을 마치 그녀인 것처럼 느끼고 그녀만을 바라보며 괴로워하는 것이다. 괴로운데 위로 좀 받아보려고 부른 누나한테 당한 '팩폭'으로 어쩔 줄 모르는 그의 얼굴을 보니 어쩐지 좀 미안하기도 했고 짠하기도 했다.

누나가 너를 위해 해줄 수 있는 말을 해줄게. 시간이 지나고 넓고 깊은 너의 세계를 터치하는 어떤 여자를 만나 사랑하게 되면 네 인생 최고의 여자는 떠난 그녀가 아니라 새로운 그녀가 될 거야. 떠난 그녀를 찾지 못한 타협이 아니야. 너의 세계에 새로운 그녀의 자리가 정말 많이 커서 떠난 그녀는 굳이 생각하지 않으면 떠오르지도 않을 거야. 진짜야. 그게 사랑의 힘이거든. 잘 생각해보렴. 소울 없는 '오냐오냐'보다 훨씬 더 큰 위로가 될 거야.

04

어쩌다
카페 사장

×

"나는 꿈을 이뤘다.
평생 이 일을 하고 싶다"

#소처럼_일하다_결국_득병_퇴사
#건강과_친구를_잃고_카페_창업할_돈을_얻음
#매출보다는_내_취향에_맞춘_사업
#성장_발전_매출증대_그다지_바라지_않음
#지금까지_이런_사장은_없었다_이것은_사업인가_취미인가

'어떤 날' 사장

공중파 예능프로그램 음악 감독을 때려치우고 현재 인천 계산동
의 카페 '어떤 날'을 경영하고 있다. 취미는 사진 찍기이다. 지금
은 자주 못 하지만, 카페에 직접 찍은 사진을 전시하고 있다.

왜 때려치웠나?

예능방송 음악 감독이라는 일 자체가 내가 좋아하는 음악을 다루
는 일이 아니었다. 1~2주에 한 번 퇴근할 정도로 업무량이 많다
보니 인간관계가 다 끊어졌는데, 친구 아버지가 돌아가셨을 때
장례식장에 가지 못한 게 가장 마음에 남는다. 그렇게 4년 일하
고 허리디스크로 쓰러져 때려치울 수밖에 없게 됐다.

왜 참았나?

이전과 비교할 수 없는 적은 수입의 철창 없는 감옥살이지만, 좋
아하는 커피와 음악이 있는 내 공간에서 마음이 통하는 사람들과
의 교류가 행복하다.

음악감독에서
카페 사장으로

카페 '어떤 날' 사장

"확, 때려치우고 카페나 차렸으면 좋겠다."

커피를 좋아하지 않는 앞집 아저씨도, 사업에 흥미가 없다
는 뒷집 철수 씨도 입버릇처럼 자주하는 멘트다. 이때 '카페를
차리다'라는 말은 곧 근심걱정 없는 곳에서 음악과 함께 여유
로운 시간을 보내면서도 먹고사는 일엔 걱정이 없으며 사회
적 이미지도 나쁘지 않은 일을 하고 싶다는 뜻이 아닐까.

그도 그럴 것이 카페는 보통 커피 한잔하며 쉬러 가는 곳이
니 그 단어가 주는 느낌은 여유와 힐링이리라. 하지만 우리는
안다. 돈을 쓰러 가는 곳과 돈을 버는 곳은 다르다는 것을 말
이다. 일터가 되면 그곳이 어떤 곳이든 여유만을 주지는 않을

것이다.

　이번에는 하던 일을 그만두고 정말로 우리 모두가 무릉도원으로 여기는 카페의 사장이 된 사람과 이야기를 나눠보자. 실명을 밝히기는 거부했으나 현재 경영하고 있는 카페의 이름과 사진의 공개는 허락해주었다.

Q. 주로 끝날 때쯤 물어보는데 이번엔 신선하게 처음에 질문하겠다. 참는 사람과 때려치운 사람 중 어느 쪽이라고 생각하나?

　때려치운 사람에 가깝다. 확실히 때려치운 사람이라고 말하기 어려운 것은 이전 직장이 나와 안 맞긴 했지만 그만둔 이유는 건강 악화였기 때문이다. 아프지 않았으면 3~4년 더 하지 않았을까 생각한다.

Q. 이전에 했던 일에 대해 말해 달라.

　예능 방송프로그램의 음악을 담당하는 음악팀의 음악감독이었다. 예능프로 음악은 효과팀과 음악팀으로 나뉜다. 상황에 따라 효과가 부각되어야 할 때와 음악이 부각되어야 할 때가 있다. 전체적인 분위기에 대한 논의가 먼저 이루어지고 이후 세부적인 작업을 진행하는 게 프로그램의 퀄리티에 가장 좋기 때문에 프리랜서이지만 팀에 소속되어 일했다.

Q. 처음부터 음악감독을 하고 싶어서 전공도 그쪽으로 선택한 건가?

전공은 방송영상학이다. 음악감독을 하고 싶다는 생각을 한 적은 없었다. 영상 관련 수업이 많았고 영화를 좋아해서 영화감독을 하고 싶다고 생각한 적도 있는데 졸업작품으로 단편영화를 하고 나서 내 능력 밖의 일이라는 생각이 들어 빨리 접었다.

Q. 방송영상학이면 방송 PD가 많을 것 같다.

나도 라디오 방송 PD를 하고 싶었다. 라디오 PD는 정말 TO가 없다. 특히 오디오 감독은 죽어야 자리가 생긴다는 우스갯소리도 있다. 졸업 후 아무 일도 안하며 라디오 PD의 TO만 기다렸더니 2년쯤 지나서 TO가 딱 하나 났다. 곧바로 지원했는데 1차 서류, 2차 논술, 3차 면접 중 3차에서 떨어졌다.

Q. 2년을 기다렸는데 아쉬웠겠다. 그리고 음악감독을 하게 된 건가?

맞다. 라디오 PD만 바랄 순 없었다. 뭘 할지 고민하던 중에 친구가 영상에 음악을 입히는 일이라며 방송프로그램 음악감독을 추천했다. 영상도 찍어봤고, 음악도 좋아하니까 괜찮을 것 같았다. 지원, 면접, 합격이 빠르게 진행돼서 눈뜨니까 일하고 있더라.

Q. 음악감독이라니 있어 보인다. 간지난다. 그런데 얼굴이랑 목소리는 다큐인데, 예능이라니. 좀 의외다.

다큐멘터리 방송프로그램을 만들고 싶다는 생각에 시작했다. 일단 예능으로 시작하게 됐으니 그다음에 교양방송으로 이동하고 싶었다. 그런데 현실적으로 A분야를 하다가 그만두고 B분야로 이동하기는 어렵더라. 분야가 좁아서 한군데 자리를 잡으면 타분야 이동은 거의 불가능하다. 그래도 예능이 수입은 좋다.

Q. 예능프로그램 음악감독의 세계는 어떤가? 방송아카데미에 다닌 것도 아닌데, 일은 어떻게 배웠는지도 궁금하다.

우리 팀은 한 주에 20개 정도의 프로그램을 했는데, 이 일은 매뉴얼이 따로 없고 도제식으로 배우고 가르친다. 처음 한 달 정도 사수를 지켜보면서 배웠는데 정말 재미없었다. 원래 TV를 잘 안 봐서인지 내가 지금 하는 작업이 웃긴 건지, 아닌지 그것부터 이해가 안 됐다. 연예인 이름도 잘 몰랐다. 맨날 혼나고, 잘하는 건지 아닌지도 모르면서 밤샘 작업하고 그러면서 계속해야 하나 고민했다.

Q. 그때 그만두지 않은 이유가 있었나?

팀원들을 피해 다른 층의 화장실에서 잠깐 짬을 내 자곤 했었다. 1년쯤 됐을 때, 그날도 아래층 화장실에서 졸고 있었는데 익숙한 목소리가 들려서 깼다. 내 사수 목소리였는데 밖에서 다른 선배와 이야기를 나누고 있었다. 내 앞에서 그렇게 무섭고 엄격하던 사수가 뒤에서 날 칭찬하더라. 거기에 혹해서 그때부터 열의를 불태워 진짜 열심히 했다.

Q. 방송하는 사람들 보면 개인 생활이란 없는 것 같다. 정말 힘들 텐데 그럼에도 내가 만든 작품이 다른 이들에게 공개된다는 명예가 있어서 그런지 모든 생활을 포기하고 일에만 매달리는 사람도 많은 것 같다.

우리 팀에 봉와직염 걸린 여자 동료도 있었다. 집에도 못 가고, 제대로 씻지 못하고 맨날 밤새워 일만 하니까 편집실 문을 열면 인공향이 아닌, 자연 그대로의 인간 내음을 맡을 수 있었다. 그래도 일이 맞는 사람들은 계속 버티는 거고…. 아니다 싶어 빨리 그만두는 경우도 많다. 사수와 나와의 간격은 10년인데, 그 사이에 많은 사람이 시작했다가 그만뒀다.

내가 4년 있었는데 가장 오래 버텼다고 하더라.

Q. 어떻게 버텼나?

지금 생각해봐도 어떻게 버텼는지 모르겠다. 그냥 한 것 같다. 만약에 그전으로 돌아간다면 애초에 시작을 안 할 것 같다. 나와 잘 안 맞는 일이었다.

Q. 다큐멘터리가 아닌 예능이라 더 안 맞았던 거 아닌가?

다큐 쪽은 안 해봐서 말하긴 어렵지만, 예능이라서 회의감이 들었던 것 같다. 그 이후로도 난 예능을 전혀 안 본다. 내가 했던 프로그램 그만두고 다른 사람이 하더니 엄청 잘나가더라. 중국으로 수출도 하고.

그 프로그램이 무엇인지 공개하지 말아 달라는 요청이 있었다. 지금도 정말 잘나가는 프로그램이다. 혹시 성과급 같은 거 있었으면 집 한 채 샀을법한.

Q. 어떤 점이 잘 안 맞았나?

처음 시작할 때 입봉까지 3~5년 걸린다고 했는데, 생각보다 훨씬 빠른 1년 8개월 만에 입봉하게 됐다. 목표 실현이 너무 빨라서 회의감도 빨리 들었다. 개인 생활이 전혀 없던 것도 힘들었다. 일주일에 한 번이나 2주일에 한 번 집에 들어갔으니까.

Q. 한 주에 20개의 프로그램을 한다고 했다. 업무량이 많아서 밤샘을 할 수밖에 없었던 건가?

업무량이 많기도 했지만 그보다 더 큰 문제가 있다. 음악을 입히는 작업을 해야 할 프로그램 '가편'이 약속된 시간에 오지 않는다. 정말 단 한 번도 제 시간에 온 적이 없었다. 월요일부터 목요일까지 촬영을 한다고 치자. 출연자 펑크로 촬영이 하루 늦어지면 나한테 오기 전까지 모든 작업도 늦어진다. 아침 10시가 밤 10시가 된다. 음악은 방송 출력 전 가장 마지막에 하는 작업이다. 결국 작업물이 내 손에 올 때쯤이면 방송시간이 얼마 남지 않은 시간이고, 그 시간을 맞추기 위해 피 마르는 밤샘 작업을 할 수밖에 없다. 그런데 또 밤에도 해야 할 작업이 있으니 스케줄이 겹친다. 몇 시 출근, 몇 시 퇴근 이런 게 없었다. 그냥 일 끝나면 가는 건데 그 일이 끝나는 게 보통 1~2주에 한 번 정도였다.

Q. 우리나라 드라마 보면 종방이 다가올수록 거의 생방송 수준으로 급하게 만들어서 방송한다는데 그런 거 보면 티가 나나? 난 잘 모르겠던데.

난 드라마를 잘 안 봐서 모르겠다.

Q. 그럼 예능은 딱 보면 급하게 믹싱한 걸 알 수 있나?

예능도 잘 안 본다.

Q. 드라마도 안 보고 예능도 안 보고 그 일은 어떻게 했나?

그러니 처음에 얼마나 힘들었겠나. 내가 생각해도 그건 좀 아이러니하다. 그 일을 하기 전과 그 일을 그만두고 나서는 흥미가 없어서 안 봤고 일하는 중에는 시간이 없어서 못 봤다. 그래도 영화를 많이 봐서 영화 음악을 좀 알고 있는 점과 음악을 좋아하는 점이 그 일을 할 때 도움이 됐던 것 같다.

Q. 아파서 퇴사했다고 했다. 지금은 건강해 보여서 다행이다. 어디가 아팠나?

처음에는 옆구리가 너무 아팠다. 그냥 계속 앉은 채로 일해서, 잠을 잘 못 자서 아픈 건 줄 알았는데 통증이 일주일 넘게 갔다. 그러다가 퇴근하고 집에서 자고 일어나던 찰나에 쓰러졌다. 몸을 움직일 수가 없었다. 허리디스크였다. 겪어보니 디스크는 한 번에 오는 게 아니더라. 서서히 진행되어서 심각하게 생각하지 않았다. 더군다나 허리가 아니라 옆구리 통증이 심해서 디스크는 생각을 못했는데 정말 이건 아파본 사람만 안다. 재채기도 못한다. 지금 생각하면 웃기지만 하늘색이 노랗더라. 그전까지만 해도 이렇게 아파본 적이 한 번도 없었다. 기껏해야 뼈 부러져서 깁스하는 정도였으니까. 움직일 수가 없는데 일은 계속할 수 있을까? 만약에 책임져야 할 가정이 있었다면 이 통증을 참고 일했겠지만…. 이게 뭐하는 건가 별의별 생각이 다 들었다. 결국 이 상태로는 일할 수 없다고 판단했다.

Q. 경제적으로 어렵지 않았나 보다. 돈에 대한 걱정은 없었던 걸 보니.

음, 그때 좀 돈이 많았다. 생각해봐라. 일하니까 통장에 돈은 들어오는데 쓸 시간이 없다. 일하면서 먹고 자고 다 해결하고, 1~2주에 한 번 집에 가니까 차비가 한 달에 2만 원도 안 들었다.

Q. 그럼 그 일의 장점은 수입이 적금처럼 쌓인다는 점? 그것에 대항하는 최대 단점은 역시 몸의 고단함이었나?

몸이 피곤한 것보다 인간관계가 무너지는 게 더 힘들었다. 눈에서 멀어지면 마음에서 멀어진다는 말이 남녀관계에만 해당되는 건 아니다. 지인 부모님이 돌아가셨는데도 빈소를 찾아가지 못했던 일은 지금까지 미안함이 남아 있다. 만약 내가 빈소를 다녀오면 우리 팀의 다른 누군가가 그 일을 해야 하는데 방송 송출시간까지 너무 촉박했다. 게다가 남에게 떠넘기기에는 일이 너무 컸다. 결혼식 못 간 것보다 친구들 부모님 장례식에 참석하지 못한 게 많이 남는다. 미안한 일이 계속 쌓이니 점점 나 스스로 울타리를 쌓게 되더라. 그때와 비교하면 카페 일도 만만치 않게 힘들지만 그래도 마음의 여유가 있는 편이다.

Q. 그건 정말 큰 단점이다. 돈이 모인다는 것 외에 음악 감독을 하면서 잘 맞는다고 생각한 부분은 없었나?

원하지 않아도 꼭 넣어야 하는 아이돌 음악이 많았다. 하지만 가끔은 내가 원하는 음악을 넣을 때도 있었고 보람이 있긴 했다. 회의감이 더 컸다는 게 문제다. 누군가 나처럼 회의감을 느끼지 않는다면 그 일이 좋았을 수도 있다. 그 일이 나쁘다는 게 아니라 나와는 안 맞았던 것 같다.

Q. 현재는 카페를 운영하고 있다. 카페 사장, 바리스타, 로스터 등 여러 이름으로 불리는데 가장 마음에 드는 건 무엇인가?

로스터다. 원두 한 알에 향기를 구성하는 성분이 몇 가지인지 아는가? 800~1000종류가 있다. 시간과 온도를 어떻게 조절해 로스팅하느냐에 따라서 맛과 향이 달라진다는 점에서 가장 재미있다.

Q. 커피 향에 가장 영향을 많이 끼치는 것이 로스트인가?

가장 큰 영향을 끼치는 요인은 커피를 재배하는 농부라고 생각한다. 커피도 농산물이라 일조량, 강수량에 따라 큰 차이가 나고 해마다 맛이 달라진다. 프로세싱에 따라서도 달라지고. 커피 맛을 결정짓는 요인은 농부가 만든 생두가 70% 정도, 그다음 로스터가 20% 정도, 바리스타가 10% 정도라고 생각한다.

Q. 기본적으로 커피에 관심이 많은 것 같다. 언제부터 커피에 관심이 있었나?

음악감독할 때부터 생두를 직접 사서 베란다에서 볶아 로스트했었다. 저 에스프레소 머신도 원래 집에 있었던 건데 카페 운영을 하면서 가져온 거다.

저 에스프레소 머신? 저거라는 게 이… FAEMA E61? 훼마 E61? 훼마 E61 맞지? 지금 내 눈이 헛것을 보는 게 아니지?

Q. 내가 커피를 잘 모르지만, 이 제품은 전부 수동이라 조작도 쉽지 않고, 수리도 어렵고, 전기소모량도 많고, 무엇보다 비싸서 카페에서도 잘 들이지 않는다고 알고 있다. 그런데 이게 집에 있었단 말인가?

원래 커피를 좋아해서 이탈리아에 있는 친구에게 부탁해서 직구했다. 퇴직하면서 카페나 하자 했던 건 아니었다. 원래는 50살까지 돈을 벌고 그 이후에 나만의 작은 공간을 갖고 싶다는 막연한 꿈이 있었다. 결과적으로 생각보다 꿈을 일찍 실현한 거다. 퇴직하고 몸도 어느 정도 회복하면서 그냥 재미있을 것 같아서 '큐 그레이더'라는 자격증 과정이 있어서 공부했다.

Q. 처음 들어본다. 큐 그레이더가 뭔가?

생두 감별사라고 생각하면 된다. 생두의 맛과 향을 감별할 수 있는 능력을 갖는 라이선스인데, 뭐든 다 그렇지만 자격증이 있다고 해서 능력이 있다는 말은 아니다. 특히 우리나라에는 내세울 자격증으로 따고 전시하는 경우도 많고…. 이게 있다고 해서 커피가 맛있다는 건 아니다. 아무튼 궁금해서 공부했다.

Q. 해보니 어떤가? 도움이 되나?

로스팅할 때 도움이 된다. 어떤 커피는 산미를 강조하고, 또 바디감이 좋은 커피는 그걸 살리고…. 로스팅할 때 시간과 온도에 따라 맛과 향이 달라지기 때문에 미리 알고 결정하면 결과가 훨씬 좋다. 알고 생각하면서 일하니까 더 재미있기도 하고.

Q. 카페 경영이 꽤 잘 맞는 것 같다. 어떤 점이 좋은가?

커피 한잔 생각나서 빗속을 뚫고 오는 사람, 이사 갔는데도 내 커피가 좋다고 오는 사람, 물어보진 않지만 맛있게 먹고 행복한 표정인 걸 보면 나름대로 보람을 느낀다. 새로운 원두가 왔을 때 맛있게 볶아 내놓았을 때 기분 좋게 먹는 사람을 보는 게 재밌고, 로스팅하는 것도 재밌고, 커피를 추출하는 것도 재밌고, 내 공간에서 내가 듣고 싶은 음악 들으면서 하루하루 보내는 게 그냥 재미있다. 6년째 하고 있는데 항상 재미있다.

Q. 천직인가 보다. 그래도 좋은 점만 있을 수는 없을 텐데 힘들 때는 언제인가?

모든 자영업자가 다 그럴 텐데 가게를 비울 수 없으니 움직일 수 없다는 게 불편하다. 창살 없는 감옥이다. 특히 커피는 내리는 사람에 따라 맛이 달라지기 때문에 다른 사람이 대신해줄 수도 없다. 화장실도 제대로 못 갈 때가 많다. 테이블을 없애면서 손님들이 거의 원두를 사거나 테이크아웃을 해서 전보다 더 빨리 제공해야 한다. 그게 좀 어려운 점이다. 그래도 재미있다. 아직까지는 때려치우고 싶다는 생각을 한 번도 안 해봤다. 고민이 있다면 여기 상권이 형성이 안 된 곳이라 유동인구가 더 많은 곳으로 이동하면 어떨까 생각하는 정도다.

Q. 6년 동안 때려치우고 싶다는 생각을 한 번도 안 했다니 신기하다. 카페 창업 전 그렸던 그림과 현재의 생활은 비슷한가?

현실과 이상은 다르다. 좋아해서 시작한 거니까 월세만 벌어도 만족하자 생각했는데 그게 아니더라. 1년은 잘되는 건지 아닌지 아무것도 모르고 지낸 것 같다. 그 이후에 정신을 차리니 겁나고 힘들었다. 내가 그렸던 그림에는 없는 장면이다.

Q. 경제적으로는 어떤가?

경제적으로 힘든 게 가장 크긴 하지만 정신적으로도 힘들다. 그냥 폐인이 된다. 아까 창살 없는 감옥이라고 하지 않았나. 교도소 생활이라는 게 이런 거구나 싶다. 옷도 맨날 똑같은 것만 입고. 그런데 옷을 사지 않아도 되는 건 좋다. 초반에 인테리어를 직접 했다. 원목을 사서 재단하고, 망치질하고 모든 걸 혼자 했는데 그때 육체적으로 정말 힘들었다.

여기 테이블, 의자, 선반, 싱크대 상판, 서랍장 모든 걸 다 직접 만들었다고 알고 있다. 카페 창업 준비하면서 전기톱 사고, 목공을 배운다는 소리는 처음 들었다. 심지어 그때는 지금처럼 셀프 인테리어가 유행하지도 않을 때였다. 무려 이케아도 들어오기 전이었다. 정말 미친 거 아닌가.

Q. 전부 혼자 했다는 건가?

돈을 아끼려고 한 거지만, 내 첫 가게라서 욕심도 났다. 인테리어할 때 손님 취향에 맞출지, 내 취향에 맞출지 고민했는데 보다시피 전적으로 내 취향에 맞췄다.

Q. 음, 고객이 아니라 본인 취향에 맞춰서…. 그래서 경제적으로 폐인이 된 거 아닌가?

그래도 여기는 내 감옥인데 내 취향에 맞춰야 하지 않겠나. 이곳에 레이스, 핑크 막 이런 거 있어봐라. 정신병 걸렸을 것 같다. 그랬다면 2년 정도 하고 그만뒀겠지.

Q. 지금 인테리어로 보면 카페라고 보기 어렵다. 장의자 하나뿐이다. 예전에는 테이블이 꽤 있었는데 테이블을 뺀 이유가 뭔가?

여기가 한적한 곳이고 밖에서 잘 안 보이다 보니 손님 중에 불륜 커플이나 사기꾼이 좀 있었다. 청각이 예민한 편이라 작은 소리도 본의 아니게 잘 들었는데 그러다 보니 내가 막 옳지 못한 사랑에 빠지고, 사기에 넘어갈 것 같더라

Q. 카페에 테이블과 의자를 뺀 이유가 불륜 커플과 사기꾼이 오지 말라는 뜻이라는 건가?

아니, 그건 그냥 그런 적이 있어서 농담한 거다. 인테리어 뿐 아니라 메뉴도 커피만 남기고 다 뺐다. 이전에는 과일주스, 음료, 요구르트 같은 것도 많았는데 지금은 커피만 있다. 전에 손님 8명이 와서 오렌지 주스 8잔을 주문했었던 적이 있다. 주스 하나당 오렌지 4~5개를 직접 갈아 만들었는데, 손

이 많이 가는 작업이다 보니 커피를 마시러 온 손님이 기다리다가 그냥 간 적이 있다. 그때는 내일 어떤 생두를 어떻게 로스팅할지 고민하는 게 아니라 어떤 과일이 얼마큼 남았고 언제 사야 하나 그런 생각을 더 많이 했다. 나는 내가 할 수 있는 최대의 실력으로 최고의 커피를 만들고 내가 좋아하는 음악을 소개하는 공간으로 시작한 건데 어느 순간 그냥 장사를 하고 있는 것 같다는 생각이 들어서 과감하게 테이블과 커피 이외의 음료를 다 뺐다.

Q. 과일주스 매출이 많았을 것 같은데, 경영자의 입장에서 정말 큰 결심이다.

제대로 하고 싶은 생각에 과일 원액도 안 쓰고 다 생과일로 만들었다. 과일청도 직접 담그고 고구마라테를 할 때에는 영업 끝나고 직접 고구마도 삶았는데 그게 소문이 났는지 과일주스 매출이 꽤 컸다. 고민이 되긴 했지만 내가 처음에 하고 싶었던 것을 생각해서 정리했다.

Q. 테이블과 커피 이외의 음료를 빼니 어떤가? 만족도는 높은가?

지금은 거의 내 커피를 좋아해주는 분이 온다. 그런 손님을 맞이하다 보니 보람도 크고 커피에 집중하게 돼서 좋다.

Q. 좋다니까 다행이긴 한데⋯. 살 만한가?

아직까지는 버틸 만하다. 'No pain, No gain'이라는 말도 있지 않나. 포기하는 게 있어야 얻는 게 있다. 그때와 비교하면 표정도 좋아졌다고 한다. 마음의 여유도 생겼고. 통장잔고는 줄고 있지만.

Q. 그러면서 빵을 만드는 동업자를 만나게 된 건가?

맞다. 옆집 빵 사장이다. 화학 재료를 안 쓰고 양심적으로 건강한 빵을 만들고 싶어 하는 생각이 나와 잘 맞아서 카페 인테리어를 바꾸고 한 지붕 두 가게로 같이 일하고 있다. 사실 빵 사장은 예전에 우리 카페 손님이었다. 몇 십 년 후에 한 공간에서 커피와 빵을 하자고 말을 했었는데, 그 말을 한 지 1년이 안 돼서 퇴사하고 같이 일하게 됐다.

Q. 신기하다. 무슨 관계든 사람의 인연은 진짜 있나 보다.

그런 것 같다. 같은 동네 주민이다.

Q. 이전 음악감독을 했을 때와 비교하면 지금 카페 경영에서 잃은 것과 얻은 것이 있다면?

잃은 것은 돈, 얻은 것은 마음의 여유다.

역시. 참 예상 가능한 답이었다.

Q. 이전의 일과 지금의 일을 보면 비슷한 부분이 있나?

음악 작업은 프로그램을 총괄하는 PD의 입맛에 맞춰야 한다. PD 입맛에 안 맞으면 뺄 수도 있다. 커뮤니티를 잘해서 조율해야 한다는 면에서 음악감독도 서비스업이라고 생각한다. 바리스타도 손님의 취향을 물어보고 거기에 맞춰 커피를 내린다. 둘 다 서비스업이라고 생각한다.

Q. 음악감독이 서비스업이라니 신선한 사고다. 라디오 PD, 영화 감독, 카페 경영 외에 혹시 하고 싶은 것이 있나?

없다. 나는 지금 일에 만족한다.

Q. 정말 지금 이 상태가 끝인가? 요즘은 카페도 그냥 커피만 파는 게 아니라 북카페, 공연 이런 거 하는 데도 많지 않나. 카페 기반 문화공간 같은 거 하고 싶은 생각은 없나?

원래 이 벽이 출입구였다. '벽을 빌려드립니다'라는 이름으로 필름 사진 찍는 사람들 사진을 전시하고 싶어서 출입구를 막고 벽을 쌓았다. 내가 원하는 사진, 다른 작가의 사진을 걸고 싶었는데 지금 5년째 같은 사진을 걸고 있다. 올해부터 진짜 하려고 생각 중이다. 이것 말고는 딱히 더 하고 싶은 게 없다. 나는 이미 꿈을 이뤘다. 건강하게 평생 이 일을 끝까지 하고 싶다. 더 이상 뭔가 이루겠다는 게 없고 그냥 현상의 유지를 바란다.

먹고사는 일은 다 힘들다. 세상에 쉬운 일 하나도 없다. 아무리 좋아서 시작했어도 막상 업이 되면 좋기만 할 수 없다. 이 말에 정말 강력하게 동의한다. 심지어 6년 동안 한 번도 때려치우고 싶다는 생각을 한 적이 없다는 커피 사장도 이곳은 창살 없는 감옥이라고 하지 않나. 일단 세상의 모든 일은 어떤 방식으로든 힘든 게 맞긴 한가 보다.

그렇다면 우리는 평생 일을 안 해도 먹고살 수 있는 무엇인가가 있지 않은 다음에야 어떤 방식으로든 힘든 일을 평생하고 살아야 한다는 결론이다. 잠깐, 눈물 좀 닦고…. 뭐, 어쩌겠나 피할 수 없는 힘든 일이라면, 에너지를 쓰는 건 어쩔 수 없으니 그 일을 하는 동시에 에너지를 얻을 수 있는 일을 찾는 것만이 살 길일 것이다.

커피사장(별명)은 음악감독을 그만두고 카페를 운영하면서 돈을 잃고 마음의 여유를 찾았다고 한다. 시간적으로나 경제적으로는 그다지 여유롭지 않지만 마음은 여유롭다고 한다. 더 이상 이루고 싶은 것 없이 지금 이 상태가 행복하다고 말한다. 이전과 비교할 수 없는 수입에 창살 없는 감옥 생활 중에도 그가 행복하다고 말할 수 있는 이유는 무엇일까. 지금의 상황에서 쓰는 에너지보다 생겨나는 에너지가 더 크기 때문이 아닐까?

이쯤 되니 나는 언제 삶의 에너지를 버는지 자연스럽게 궁금해진다. 세상의 모든 일을 직접해보고 스스로 깨달으면 좋겠지만 그럴 수는 없으니 직접 해보는 대신 타인의 생각과 상황을 들여다보는 지금의 만남이 조금이라도 힌트가 되길 바란다. 나와는 다른 타인의 삶과 선택을 통해 가려져 있던 나에 대해 궁금해지고, 무엇을 할 때 호랑이 기운이 솟아나는지, 내가 진정 원하는 것이 무엇인지 알아가길 바란다.

이것도 못 참으면 어디서 뭐할래?

많은 사람 앞에서 평소 나와 다른 모습을 보여야 하는 활동을 한 적이 있었다. 나에게 별로 없는 모든 사교성과 외향성을 닥닥 긁어모아 곱하기 1,000을 해야 할 수 있는 일이었다. 처음부터 내 스타일의 일은 아니었지만, 그래도 계속 노력하다 보면 나중엔 정말 좋아서 할 수 있지 않을까 기대하는 마음도 있었다.

그런데 기대와는 다르게 하면 할수록 힘들었다. 내 외모 중 단 하나의 장점인 맑고 깨끗한 피부(?)가 점점 잿빛이 되어가고, 그 일에 대한 부담은 점점 더 커져갔다. 해결책을 찾으려고 나름 노력했지만 다 소용없었고, 그렇게 참고 견디는 시간이 길어질수록 나는 점점 바보멍텅구리가 되어가는 것 같았다. '역시 난 안 된다'는 고착된 패배감에 힘들어하다가 이렇게 힘들 바엔 그냥 하지 말자고 결정 내리고 더 이상 못하겠다는 의사를 전했다.

"야. 나는 뭐 좋아서 하는 줄 알아? 힘들어도 참고 하는 거야. 남들도 다 그래. 이 정도도 못 참으면서 어디서 뭘 할 수 있겠냐?"

나에게 그 활동을 제안했던 지인의 말이었다. 그의 협박(?)에도 굴하지 않고, 그만두겠다는 의사를 꿋꿋하게 밀고 나가 그 세계를 떠났지만 그의 말은 꽤 오랫동안 남아 나를 괴롭혔다. 지금 생각해보면 나를 괴롭혔던 것은 그의 말이 아니었다. 힘든 건 지인도 마찬가지였을 텐데, 그는 계속 버티고 나는 포기했다는 패배감이 문제였다.

그 사실을 깨달은 것은 상당한 시간이 지난 후의 일이었다. 그는 활동적이며, 여러 사람들과 관계를 맺고, 일을 벌이는 걸 좋아하던 사람이었다. (자신이 벌려놓은 일의 뒤처리는 스스로 못하는 스타일이었지만) 아무리 활동적인 사람이라도 지속적으로 여러 사람 앞에 나서서 자신의 의지를 펼치는 것이 부담되는 일임에는 분명하니 본인도 힘들지만 참고 있다는 말이 스스로 느끼기에 거짓말은 아니었으리라.

그 활동을 끊은 이후, 알고 싶지 않지만 자꾸 그의 소식이 들렸다. 계속해서 일을 벌이고(역시 마무리는 못하며) 활동과 감투를 만들어내는 그의 근황을 들으며 어느 순간 알게 되었다. 그는 나만큼 자기 자신에 대해 깊이 생각하지 못한다는 사실을 말이다. 따라서 그가 하는 말, 특히 타인의 마음에 대해 자신의 경우와 빗대어 하는 말과 내가 각고 끝에 내린 생각을 같은 도마 위에 올려놓고 비교 분석해서는 안 된다는 사실도 알았다.

그는 그 부담스러운 상황에 에너지를 쏟는 만큼, 그로 인해 자신의 존재감을 더욱더 인정받는다고 느끼는 사람이었다. 그와 내가 어떤 활동에 똑같이 에너지 500을 썼다면 그는 그 활동을 통해 에너지 700을 리필하고, 나는 1도 채우지 못한다. 그와 나는 정반대의 사람이었다.

"너만 힘드냐? 다 힘들어도 참고하는 거야"라는 말은 얼핏 보면 맞는 말이지만 조금만 더 알고 보면 틀린 말이기도 하다. 이솝우화 〈학과 여우〉가 생각난다. 하아, 주둥이는 눈에 보이기라도 하지 우리 내면의 차이는 보이지도 않는다. 눈에 보이지 않는 여러 경우와 많은 차이들은 무시하고 타인의 틀을 당신에게 적용하지 말아라. 나의 힘듦과 다른 누군가의 힘듦은 다르다.

당신은 사랑받기 위해 태어난 세상에 둘도 없는 스페셜한 존재라는 전제는 가지고 있으면서 그 차이를 알아보지 못한다는 것이 참 우습지 않은가? 당신만큼 당신을 깊이 들여다보지도 못한 누군가가 자신이 가진 새끼손톱만 한 틀에 당신을 끼워 맞춰 저런

소리를 한다면 다음의 글을 크게 따라 읽어라(후미진 곳에서 주의를
잘 둘러보고 사람 없을 때 읽기를 추천한다).

"웃기고 자빠졌네. 아는 건 쥐뿔도 없으면서 어디서 아는 척이야.
니가 무슨 생각을 하건 내 알바 아닌데, 너의 틀린 기준으로 감히
나를 평가하는 네놈의 그 주둥아리는 좀 닥쳐줄래? 내가 어디서 뭘
하든 너보다 무식하진 않아!"

05

어쩌다 포토그래퍼

×

"카메라 들 힘이 있고
감각이 살아있다면
계속할 수 있다"

#잘한다_잘한다_할수록_더_잘하는 스타일
#프리랜서는_시간이_많은_건_좋았지만
#불안정한_수입에_대한_불안이_더_큼
#정시_출퇴근할_만함_인내와_양보로_조직_생활_중
#이쯤 되면_타고난_직장인_아님?

이염훈 포토그래퍼

취미로 지인들의 사진을 찍다가 자연스럽게 프로의 세계로 들어섰다. 프리랜서로 3년, 남성의류 인터넷 쇼핑몰 M사에서 정규직과 프리랜서로 8년, 현재 남성의류 인터넷 쇼핑몰 J사에서 정규직으로 2년째 일하고 있는 경력 13년의 포토그래퍼다.

왜 때려치웠나?

대학 졸업 후 돈벌이로 그냥 전공에 맞는 회사에 취직했다. 재미도 보람도 없었는데, 매일 밤 12시까지 일해야 하는 과중한 업무는 못 참겠더라. M사에서는 내 의지와 전혀 상관없는 정치적 관계의 문제가 있었는데, 불쾌한 상황에서 계속 같이 싸우기보다는 그냥 그 환경을 벗어나는 게 가장 좋겠다는 판단으로 때려치웠다.

왜 참았나?

촉박한 시간과 내가 원하는 스타일보다는 상업적으로 좋은 사진을 찍어야 한다는 기준이 좀 불편하긴 하지만 그래도 일단 카메라를 들면 주어진 조건 내에서 가장 좋은 사진을 찍고 싶다는 생각밖에는 안 든다. 프리랜서 시절과 비교해보면 주말에 쉴 수 있고, 퇴근 후에는 온전히 내 시간을 가질 수 있고, 페이 떼일 걱정도 없고, 안정적이라는 점에서 다른 불편함 들이 크게 느껴지지 않는 것 같다.

디스 이즈
덕업일치

포토그래퍼
이영훈

    내가 어렸을 때에는 사진 촬영이 소풍이나 졸업식 때나 있는 아주 특별한 경험이었다. 중학시절 스티커 사진이 선풍적인 인기를 끌었고 그로부터 2~3년 후, 지금은 '똑딱이'라고 부르는 보급형 디지털 카메라가 저가로 출시됐다. 내가 처음 샀던 디지털 카메라는 후지 제품이었는데 화소가 몇이었는지 한번 짐작해보라.

    무려 200만 화소였다. 웃지 마라. 지금 스마트폰 카메라만도 못한 성능이지만, 그때는 디지털 카메라를 가지고 있다는 것 자체로 나름 힙했다. 이후에 SKY에서 탈부착 카메라가 있는 휴대폰 출시를 시작으로 이쁜 척 셀카를 찍는 걸 넘어서서 사진에 포샵까지 찰나에 할 수 있는 오늘에 이르게 된 것이다.

휴대폰 카메라 기능이 점점 향상되면서 사진과 영상을 기반으로 하는 SNS가 생활과 인간관계에 큰 영향을 주는 매체로 자리 잡았다. 도시의 가로등 불빛, 건물들 사이로 보이는 밤하늘, 머리카락 흩날리는 45도의 내 얼굴 사진에 추가해서 뭐라 있어 보이는 말 좀 끼적여 SNS에 올리면 우리 모두 '갬성' 터지는 포토그래퍼가 되는 시대다.

사진을 찍고 돈을 버는 프로 포토그래퍼의 세계는 어떨까? 대부분이 궁금해하고 좋아하는 사진. 그런 사진을 업으로 삼고 있는 사람은 어떤 삶을 살고 있는지, 참을까 때려치울까를 고민하는 때는 언제인지 궁금하다.

Q. 원래 전공이 사진이었나?

전공은 아니다. 내 전공은 입학할 때와 졸업할 때가 다르다. 컴퓨터 디자인으로 입학했는데 군대 갔다 오니까 디지털 애니메이션으로 바뀌었더라. 대학 커리큘럼이 독특했다. 다양한 분야를 조금씩 맛보는 정도로 배웠는데 2D, 3D애니메이션, 사진학, 웹디자인, 정밀묘사 이런 게 과목이었다. 다행히 이 스타일이 나한테는 잘 맞아서 재미있었고 그중 사진학을 들었던 게 시작이었다.

Q. 군대 갔다 오니 전공이 바뀌었다는 경우가 간혹 있더라. 그런데 디지털 애니메이션 전공이면, 만화나 게임을 만드는 거 같은데 이전의 직장이 그쪽이었나?

아니다. 빨리 일하고 싶어서 학교에 들어온 일자리 중에서 출판물 인쇄회사에 지원해 마지막 학기 때 조기취업했다. 예전에는 지금처럼 바로 출력하는 게 아니라 종이 인쇄를 위해 CMYK필름을 먼저 출력하고 그 필름을 겹쳐 컬러를 만들었다. 필름 출력하고 인쇄하기 바로 직전의 단계인데 1년 정도 그 일을 했다.

Q. 21세기에 그런 일이 있었다니 놀랍다. 그 일은 어떤 이유로 선택했나?

그때는 사진을 해야겠다는 생각은 못했을 때였고, 왜인지 충무로에서 일하고 싶다는 로망이 있었다. 1년 하고 그만뒀지만, 지금 생각해보면 거기서 색을 분해하는 능력이 생긴 것 같다. 덕분에 이젠 뭘 봐도 자동으로 색 분해가 된다.

Q. 색 분해가 뭔가?

컬러 프린터 잉크를 보면 마젠타, 옐로, 사이안, 블랙이 있지 않나. 그 4개의 잉크들이 어느 정도로 얼마큼 투입되는지에 따라 색이 결정되는데 나는 하도 많이 보다 보니 뭘 봐도 마젠타 몇 프로 옐로 몇 프로 이런 식으로 분해가 가능하다는 말이다. 포토그래퍼로서는 엄청난 자산이다.

응? 갑자기 내 화장과 옷차림이 신경 쓰인다. 설마 내 비주얼을 분석하고 내 센스를 막 평가하고 그러진 않겠지?

Q. 정말 신기하고 놀라운 능력이 아닐 수 없다. 하지만 나에게는 그 능력을 쓰지 말아주길 부탁한다. 이후부터 현재까지 직장 유랑의 역사를 간단하게 말해 달라.

그 이후에 광고학 교수님이 하셨던 회사에 입사했다. 디자인 회사였는데 너무 힘들어서 짧게 일했다. 매일 12시까지 일하는 게 기본이고 가끔 사무실에서 자면서 일하다 보니 월급이 많은 게 다가 아니라는 생각이 들었다. 그래도 거기서 디자인의 기본을 배운 것 같다. 그 이후에 프리랜서 포토그래퍼로서 여러 종류의 사진을 찍다가 남성의류 쇼핑몰 M사에 입사해 7년 8개월 정도 일했다. 지금 있는 J사에 입사한 지는

1년 6개월 정도 됐다.

매일 12시에 퇴근, 직장에서 밤샘 작업. 왜 이렇게 많아? 참을까 때려치울까 현재까지 인터뷰이 5명 중 4명. 무려 80%가 이렇게 주야로 소처럼(소는 주간에만 일하지) 기계처럼 일했다고 한다. 나는 그렇게까지는 일해본 적 없는데. 원래 직장인은 6시에 퇴근하는 거 아니야? 이쯤 되니 내가 게으름병이 베짱이인가 싶다. 아, 정신이 혼미해진다. 정상은 무엇이고 비정상은 무엇인가.

Q. 사진은 전부터 찍었는데 다른 일을 했다. 결정적으로 사진만 전문적으로 찍자고 결심한 계기가 있나?

다른 일을 하면서 점점 내 자리를 찾아간 것 같다. 대학 수업에 사진학이 있었다. 그때 SLR 수동 카메라를 처음 만져봤는데 교수님이 그때 처음 내 사진을 칭찬해주셨다. 지금 생각하면 그 교수님이 내 재능을 찾아주신 것 같다. 군대에 있을 때 군인 월급을 모아뒀다가 제대하고 DSLR 카메라를 샀다. 그 이후에 지인들을 찍어주면 반응들이 정말 좋았다. 사진을 찍을 때 심장이 기분 좋게 뛴다. 다른 일을 할 때에도 사진이 좋았지만 업으로 삼는다는 생각은 못 했던 것 같다. 계속 좋아하고 혼자 연습하다 보니 자연스럽게 사진 요청이 들어오더라. 처음에는 취미로 그냥 찍어주다가 조금씩 페이를 지불할 테니 사진을 찍어 달라는 사람들이 늘어났다. 그러면서 자연스럽게 프로의 세계로 이어진 것 같다.

Q. 군인 월급을 모아서 DSLR을 샀다고? 그게 가능한가?

원래 돈을 잘 안 쓰기도 하는데 그때는 카메라를 꼭 사고 싶어서 노력했었다. 돈이 모자라서 1:1 바디(카메라 본체 화각에 대한 수치로 1:1에 가까울수록 비싸다) 금액까지는 안 됐다.

Q. 포토그래퍼 중에서도 의류 쇼핑몰 모델 촬영을 하고 있다. 선택에 특별한 이유가 있나?

내가 크리스천이라서 주일에 쉬는 게 중요한데, 포토그래퍼 중엔 의외로 일요일에 쉬는 사람이 별로 없다. 평일만 일하는 분야를 찾다가 의류 쇼핑몰 모델 촬영 포토그래퍼를 시작하게 됐다. 그렇게 처음 시작한 일이 남성의류 인터넷 쇼핑몰 M사의 포토그래퍼였다.

Q. 보통 이런 쪽은 프리랜서가 많은 것 같은데 의류 쇼핑몰 전속 포토그래퍼도 그런가?

처음에 정규직으로 입사해서 일했다. 중간에 그만두고 다른 회사에 갔는데 1~2년쯤 지났을 때 M사에서 지금 좀 어려우니 다시 같이 일하자고 제의가 들어와 다시 M사로 갔다. 다시 입사했을 때에는 프리랜서 형태였다. 그리고 지금 J사에서는 정규직이다.

Q. 다시 같이 일하자고 스카우트 제의? 진짜 실력이 있나 보다. 어떻게 하면 사진을 잘 찍을 수 있나?

뭐든 그 일을 계속하면 늘 수밖에 없는 것 같다. 바꿔 말해 내가 영어를 잘하고 싶다면 영어를 쓸 수밖에 없는 환경으로 가면 되고, 사진을 잘 찍고 싶다면 사진을 계속 찍는 환경에 속해 있으면 된다. 사진이 정말 좋고 잘 찍고 싶으면 좀 무모하더라도 일단 프로의 세계에 입문하는 것도 추천한다. 계속 연구하게 될 테니까.

Q. M사는 남자의류 쇼핑몰로 정말 유명했다. 오래 일했는데 왜 그만두게 됐나?

사진은 죄가 없고 관계 문제가 좀 있었다. 자의로 그만뒀다기보다는 그렇게 할 수밖에 없는 상황이 된 건데…. 길게 설명하긴 어렵고 나보다 늦게 입사한 MD가 회사에서 자리를 잡는 데 내가 조금 걸리는 그런 상황이었다.

Q. 해고당한 거나 다름없지 않나. 부당한 이유다. 나라면 가만있지는 않았을 것 같다.

나도 그때 생각이 많았다. 어차피 난 그때 프리랜서라서 법적 보호를 받을 수 있는 건 아니었지만 내부에서 업무와 상관없는 정치적인 입장으로 업무에 영향을 주는 것에 대해 뭐라 액션이라도 취해야 하나 고민이었다. 그때도 페이 수준이 높았는데(업계에서 최고 수준이었다고 한다) 이 회사를 그만둔다면 다른 회사는 그만 한 규모가 안 될 가능성이 크고 페이도 적어질 수 있었기 때문이다. 그래도 결국엔 빨리 그 환경을 벗어나는 게 내게 가장 좋겠다고 생각했다.

Q. 그래서 다른 남성의류 쇼핑몰인 J사로 이직하게 된 건가? 과정이 궁금하다. 걱정하던 부분은 어떻게 됐는지도.

M사에서 나와 얼마 안 되었을 때 지인을 통해 J사에서 스카우트 제의가 들어왔다. 전에는 프리랜서였는데, J사는 정규직 채용이라 연봉 협상을 해야 했다. 일하는 시간이나 형태가 달라서 똑같은 비교는 어렵지만 이전의 조건이 유지되는 선으로 잘돼서 입사하게 됐다.

Q. 전 직장에서 나올 때 마음고생 좀 했을 텐데 바로 잘 돼서 정말 다행이다. M사와 J사의 관계는 어떤가? 아무래도 같은 분야이다 보니 이전 직장 사람들과는 관계가 좀 안 좋아졌을지도 모르겠다.

M사와 J사는 경쟁 회사다. 그래도 난 자의로 퇴사한 게 아니기도 하고 딱히 안 좋게 나온 것도 아니라 관계가 나빠질 건 없는데, 그쪽에서 인스타 팔로워는 끊더라.

Q. 하하하하. 귀엽다. 그 정도면 신경 쓸 일은 아닌 것 같고. 지금 M사와 J사 어디가 더 잘 나가고 있나?

그게 나 때문이라고 생각하지는 않지만, 시기적으로 M사는 내가 나간 이후에 잘 안 되고 있다. J사는 원래 성장하고 있었는데 그냥 내가 낀 거고.

나를 내보낸 회사는 잘 안 되고 나를 환영한 회사는 잘되고. 그냥 '내가 있어서 이 회사가 잘 되는구나' 이렇게 생각하면 뭐 어때? 어차피 혼자 만족해하는 건데….

Q. 재미있어서 시작했어도 혼자 넘기 힘든 지루한 시기가 오지 않나? 결과가 바로 안 보이고, 재미없어지는 그 포인트 말이다.

맞다. 그런 포인트가 온다. 사진을 찍어도 그렇고 한계에

꽂힐 때가 있다. 부족한 점은 보이는데 그 해결책은 모르겠고, 계속 노력해도 안 되니까 싫어지고⋯. 그럴 때가 있다. 그럴 때는 해결하려고 따로 노력하지는 않는다. 인지만 하고 있으면 다른 걸 하다가 어느 순간 해결될 때가 많다. 우연찮게 다른 걸 건드렸다가 거기서 단서를 발견하고 한계를 뛰어넘는 때가 온다. 정체할 수는 있지만 그냥 하다 보면 해결된다.

Q. 끝까지 포기하지 않는다는 게 중요한 건가?

포기하면 해결의 기회를 잃으니까 포기하지 않는 것도 중요하다. 하지만 그보다 더 말하고 싶은 건 싫고 나쁜 것만 생각하고 있으면 너무 괴로우니까. 골머리를 쓰지 말고 내려놓고 있는 것도 답이 될 수 있다는 말이다.

Q. 인물 사진 포토그래퍼만 13년 차다. 사진 찍을 때 가장 중요한 게 무엇인가?

모델과의 호흡이 중요하다. 어떻게 하면 원하는 걸 잘 살릴 수 있는지가 중요한데 모델이 의견을 말할 때도, 내가 분위기를 제시할 때도 있다. 서로 추구하는 스타일이나 생각이 비슷해서 모델이 생각하는 비주얼과 내가 생각하는 비주얼이 잘 맞으면 정말 좋다.

Q. 촬영 장소는 어떻게 정하나?

내가 정한다. 보통 촬영 일정이 먼저 잡히고 착상이 나중에 나온다. 착상이 정해지면 담당 직원에게 연락해서 어떤 느낌인지 확인하고 옷의 느낌과 어울리는 장소를 생각해둔다.

Q. 지금이야 많이 했으니까 축적된 데이터가 있겠지만 처음에는 어땠나?

계란으로 바위 치기였다. 인터넷 의류 쇼핑몰 자체가 자리가 안 잡혔을 때라 카메라 하나 주고, 모델 한 명에 옷 주고 '나가서 찍어와' 이런 느낌이었다. 처음에는 나도 뭘 어떻게 해야 하는지 정리가 안 됐었고 머릿속에 아무 생각이 없었다. 그냥 가다가 좋은 배경이 보이면 잠깐 서서 촬영한 적도 있다. 점점 그렇게 하다 보니 배경의 이미지, 느낌, 색감, 착상과의 조화, 가장 중요한 빛을 생각할 여유가 생겼다.

Q. '어떤 이미지는 어디 지역'과 같이 자주 가는 지역이 있나?

있다.

Q. 영업기밀인가?

그렇다.

Q. 대충이라도 좀 알려 달라.

고급스러운 이미지는 압구정, 신사 쪽이 좋다. 압구정 스폿은 도산대로, 도산 공원 쪽이 굵직굵직하며 톤이 고급스럽다. 옷의 느낌을 표현할 때 배경 건축물의 느낌이 중요하다.

Q. 동선이 좀 긴 배경을 찾아 이동해야 할 때에는 어떤가? 시간의 융통성이 있나?

시간은 거의 정해져 있다. 18가지 착상에 3시간 반 정도. 그냥 3시간 반 동안 계속 바쁘게 다닐 수밖에 없는 시간이다. 가끔 시간이 더 촉박할 때에는 스튜디오나 카페를 잡는다. 갑자기 비가 오거나 날씨의 영향으로 급하게 실내로 이동해야 할 때도 있는데 그런 때를 대비해서 생각해두는 곳도 따로 있다. 일하다 보면 어쩔 수 없이 촬영을 접어야 할 때도 있는데 나는 가급적 진행하는 편이지만 무조건 찍는다고 다 좋은 건 아니다. 결과가 좋아야 하는 일이니까.

Q. 결과란 매출을 말하는 건가? 매출에는 복합적인 요인이 있을 텐데 어떻게 판단하나?

인터넷이라는 특성상 옷이 모델과 잘 어울리고 사진이 잘 나오면 보통은 터진다. 그런데 내가 말한 결과는 매출이라기보다는 사진에 대한 평가다. MD나 회사 운영진들의 피드백을 들으면 알 수 있다. 사실 그다음은 내 몫이 아니다. 나 스스로 만족하면 된다. 인정받으려고 애쓰는 스타일은 아니다.

Q. 혹시 포토그래퍼 일이 맞지 않는다고 느낀 적은 없나?

짧은 시간에 많은 성과를 내야 하니까 처음엔 이게 아닌가 싶기도 했다. 계속하다 보니 그 와중에도 생각하고 느낌을 표현할 여유가 생겨서 지금은 괜찮다.

Q. 그때 그만두지 않은 건 역시 먹고살아야 해서?

사진이 싫은 게 아니라 빠른 시간에 사진을 많이 찍어야 하는 게 힘들었던 거니까. 이게 아닌가 싶다가도 막상 일을 시작하면 다른 생각은 안 들었다. 그 시간 내에 잘 찍어야 한다는 생각만 해야 하니까. 그러면서 익숙해진 거 같다.

Q. 10년 전쯤 해외에서 직업만족도 조사를 했는데 만족도가 가장 낮은 직업이 모델, 높은 직업이 포토그래퍼였다. 모델은 그 아름다움을 유지하느라 너무 힘들고, 포토그래퍼는 그 아름다움을 가장 가까이에서 보니까 행복하다는 해석이다. 어떻게 생각하는가.

어느 정도 맞는 말인 것 같긴 하다. 예전에 인천 미스코리아 사진을 찍었는데 그때 진짜 피곤하지 않고 지치지도 않더라. 날 보고 웃는 게 아닌데 날 보고 웃는 것 같고.

Q. 혹시 여자 모델을 좋아했던 적은 없나? 사실 일반적인 미혼 남성이 이성에게 마음이 안 생긴다는 것이 더 이상한 일인데.

없다. 여자 모델을 찍을 기회가 많지는 않았다.

Q. 그렇다면 지금이라도 여자 의류 쇼핑몰로 가는 건 어떤가?

아니다. '여자'라면 한 여자를 만나고 싶다.

Q. 하긴. 아무리 아름다운 여성이라도 계속 보면 평범하게 느껴질 것 같다.

그럴 수도 있겠다.

대답에 소울이 없었다.

Q. 아까 그냥 봐도 자동으로 색 분해를 한다고 했다. 그런 것처럼 척 보면 어떻게 찍는 게 가장 잘 나올지 알 것 같다. 어떤가?

어느 정도 그렇다. 보통 얼굴이 이쁘다, 안 이쁘다 이렇게 말하지만 사실 한 사람이라도 오른쪽 얼굴과 왼쪽 얼굴이 다르다. 어떤 분위기, 어떤 스타일, 어떤 이미지가 숨어 있는지 금방 찾아내는 편이다.

Q. 사진 찍을 때 만인에게 적용되는 외모에서 가장 중요한 포인트가 있나?

자신의 가장 아름다운 부분이 가장 중요한 포인트다. 사람마다 가진 게 다르다. 모델이 가진 강점을 가장 잘 살려줄 수 있는 포인트를 찾으려고 한다. 예를 들어 턱선이 예쁘다면 턱선을, 눈이 예쁘면 눈을, 이목구비보다 전체 느낌이 좋다면 분위기를 강조한다.

Q. 진짜 아무리 눈 씻고 찾아봐도 강점을 찾을 수 없는 모델을 만났을 때도 있었을 것 같다.

있었다. 아까 말한 것처럼 강점을 강조하고 덜 예쁜 부분은 커버해야 하는데 이걸 강조하려니 저게 걸리고, 저걸 커버하자니 또 이게 걸리고, '어떻게 해도 한계가 있구나' 싶을 때가 있다. 그래도 계속 앵글을 바꿔 찍어가며 찾아보면 그 사람이 가진 최고의 강점을 발견할 수 있다. 내가 외모를 바꿀 수는 없는 거니까 있는 그대로의 외모에서 베스트를 찾으려고 노력한다.

Q. M사 입사 전에 프리랜서로 일하며 여러 종류의 사진을 찍었다고 했다. 인상적인 몇 가지만 말해 달라.

조금 전에 말한 미스코리아, 아기 사진도 매력 있었다. 아! 헬스장에서 사진을 찍어 달라고 의뢰를 받고 가보니 헬스 PT로 몸을 만든 회원들 애프터 사진을 찍어 달라고 했던 게 기억난다. 그때 담당자가 "예전에 자신감 없이 위축되어 있던 분들인데, 자존감을 회복하고 스스로의 아름다움에 만족감을 느끼는 일에 함께하자"고 하더라. 그 말이 멋있고 공감되어서 수락했다.

Q. 원래 헬스장 직원 말빨이 그렇게 좋은가? 짱이다. 많은 종류의 작업을 했는데 어떤 모델이랑 일할 때가 가장 좋았나?

음. 여자 모델?

응? 아까 이와 비슷한 질문을 했던 거 같은데 기분 탓인가?

Q. 아까 여자 쇼핑몰 쪽으로 가라니까 싫다고 하지 않았나. 포토그래퍼고 뭐고 그냥 이쁜 여자가 좋은 거 아닌가?

아니다. 나는 지금의 일과 생활에 만족한다. 앞으로 나만의 한 여자를 만나고 싶은 것도 맞다. 근데 내가 원래 남자건 여자건 숨겨진 아름다움을 찾아내는 걸 좋아하고 그럴 때 보람을 느끼는데 남자 모델만 찍는 지금 상황에서 생각해보니 여자 모델을 찍었을 때가 신선하고 재미있었던 것 같다는 말이었다. 이해가 가나?

Q. 이쁘지 않은 여자 모델을 찍을 때도 재미있고 좋았나?

좋았다. 아까 말한 것처럼 모델의 예쁜 모습을 봐야 예쁘게 찍을 수 있다. 나는 이를 두고 긍정적 필터를 씌운다고 표현한다. 나는 시력이 마이너스인데도 렌즈나 안경을 잘 쓰지 않는다. 모델을 있는 그대로 정확하게 보기보다는 처음엔 좀 뿌옇게 보다가 뷰파인더로 아름다움을 찾아내는 걸 좋아한다. 예쁘지 않아도 예쁘게 보다 보면 나도 기분이 좋아진다.

Q. 같은 포토그래퍼이지만 정규직으로도 프리랜서로도 일했다. 같은 조건이라면 프리랜서와 정규직 중 어느 쪽을 선택할 텐가?

정규직인 지금이 좋다. 프리랜서로 일할 때는 페이를 못 받은 적도 있고 마음고생 많았을 때가 한두 번이 아니었다. 쉬어도 쉬는 게 아니었고…. 정규직은 쉬는 날에도 급여가 계산되지 않나. 주어진 시간만 잘하면 나머지 시간은 규칙적으로 활용할 수 있고, 역시 안정적이라는 점을 무시하지 못하는 것

같다. 그리고 이 일이 내 인생의 전부는 아니니까. 꼭 직장에
만 욕심을 내지는 않는다.

Q. 포토그래퍼도 사회적 수명이 있나?

딱히 정해진 건 없다. 개인적으로 카메라 들 힘, 걸어 다닐
힘이 있고 감각만 있으면 계속할 수 있는 일이라고 생각한다.
어느 정도 이상이 되면 사실 사진 촬영 기술보다도 감각이 더
중요해진다. 사진도 흐름과 유행이 있다. 그래서 계속 그 흐
름을 파악하면서 감각을 계속 유지하려고 노력 중이다.

**Q. 드디어 마지막 질문이다. 참는 사람과 때려치우는 사람 중에
어디에 속한다고 생각하나?**

참는 사람이다. 아까 말한 것처럼 사진은 죄가 없다. 모든
일에는 인간관계가 포함되어 있고 그 질서 속에서의 조화가
중요한데 그런 면에서 나는 참는 사람에 가까운 것 같다.

단순히 돈만 버는 것보다 삶의 균형을 먼저 생각하는 요즘,
'덕업일치'는 정말 매력적인 말이다. 어떤 이는 좋아하는 일을

찾아 이전과는 전혀 다른 방향으로 발걸음을 옮기기도 하고, 또 어떤 이는 아무리 좋아하던 것이라도 막상 일로 맞닥뜨리게 되면 그건 더 이상 내가 꿈꾸던 유토피아가 아닐 거라고, 덕은 덕으로만 간직하자고 말리기도 한다.

덕을 위한 업을 찾든, 업을 위해 덕을 참든, 생각과 선택은 각자의 몫이지만 좋아서 할 수 있는 무엇인가가 있다는 건 내 생활을 더 즐겁게 만드는 양념이 있다는 말과 같다. 단 도박, 알코올 중독 같이 스스로 제어하지 못하는 덕질은 제외한다.

중요한 건 살아가는 동안 무엇을 할 때 즐거운지, 무엇을 할 때 우울한 기분에 빠지지 않는지, 무엇을 할 때 가슴이 뛰는지를 스스로 아는 것이다. 그리고 그 방법을 내 나름대로 실행할 수 있다는 것이다.

우리는 아는 만큼 생각하고 행동하며 생각하고 행동하는 범위 내에서 즐겁고 행복한 무엇인가를 발견할 수 있다. 확실히 잡히지 않는 어렴풋한 무엇이라도 상관없다. 알아가고 생각하는 동안 그 어렴풋한 것이 선명해지고 더 넓은 범위로 확장될 테니까. 내 인생의 모든 것들이 나를 알아가는 재료로 쓰여 더 풍성하고 즐거운 시간이 가득해지길 바란다.

비틀즈가 부릅니다 '그냥 내버려둬'

진짜다. 비틀즈가 그랬다. 엄마 메리가 자기한테 다가와서 "그냥 내버려둬"라고 스피킹했다고 말이다. 어쩐지 들을 때마다 마음이 몽글몽글해진다 싶더라니. 맞아. 내가 끙끙거린다고 해결될 것도 아니고. 그냥 내버려두라는 현명한 말씀을 해주신 마더 메리 땡큐 베리 마치. 하지만 내가 어디 한 번 깨달았다고 그 깨달음을 계속 간직하며 삶에 적용하고 사는 인간이던가. 차라리 가만있으면 될 것을 지금 굳이 어떻게 해결하겠다고, 확정지어 보겠다고, 안 해도 될 난리 부르스를 춰서 어려움을 더욱더 크게 확장시킨 적이 한두 번이 아니다.

20대 중반 시절 사귀었던 전전전전(대과거) 남자 친구가 생각난다. 그때 그 남자 친구에게 우리 집안의 어떤 사정을 이야기하며, "우리가 같이 잘 살기 위해서는 네가 이것과 이것을 양해해줘야 한다. 그러니 지금 당장 이것에 대한 너의 입장을 확정해서 나에게 말해라. 이것이 확정되지 않는다면 우리의 미래는 없다"라는 입장을 보인 적이 있었다.

난 내가 그 오빠랑 결혼할 줄 알았지. 그 일과 전혀 상관없는 다른 일로 헤어질 줄 알았나. 지금은 다른 여자랑 결혼해서 애 둘

낳고 잘 살고 있더구먼. 그렇다. 강요로 받아낸 그의 대답은 법적 효력도 없고, 그때 가서 안 한다면 그뿐일 뿐 아니라, 내가 생각한 그 미래는 오지 않을 수도 있고, 그보다 더 큰 변수가 닥쳐서 모든 상황이 바뀔 수도 있다. 그래도 나는 이 정도면 양반이다.

20대 초반에 10살 연상 남자를 사귄 친구가 있었다. 그 친구는 "나는 지금 결혼 생각이 없어. 이렇게 계속 사귀다가 오빠는 결혼이 급한데 나는 결혼 생각이 없으면 어쩌지? 난 오빠를 힘들게 하고 싶지 않아"라고 말했다. 둘은 각고 끝에 헤어졌다. 친구는 사랑하는 남자의 행복을 위해 헤어졌지만, 식지 않는 사랑에 오랫동안 힘들어하다가, 그 힘듦을 달래주는 남자를 만나 20대 중반에 결혼했다. 그 오빠는 아직 싱글이다. 이게 대체 뭐지?

확정되지 않은 현실과 미래는 불안할 수밖에 없다. 우리는 애초에 불안한 존재니까. 불안함은 당연하다. 누구나 다 그렇다. 내가 이상해서, 내가 준비가 안 돼서, 내가 이렇게 저렇게 하지 않아서가 아니다. 알 수 없는 두려움에 나를 내어주고 불안함에 떨면서 더 큰 것을 놓치지 않길 바란다. 불안함은 당연하다는 것을 받아들이면 조금씩 'let it be' 할 수 있는 상태로 변해갈 테니, 이미 지난 과거는 하쿠나 마타타. 우리 모두 let it be.

06

어쩌다
대학 전임교수

✕

"경쟁이 덜하고
좋아하는 일이다"

#가장의_무게
#사업보다는_직장생활
#하지만_평범_보통_현재에_만족은_나의_것이_아님
#남들만큼_노력하는_것도_나의_것이_아님
#비범하게_노력하고_비범하게_뛰어난_나야_나

C 교수

고졸 학력으로 한진그룹 공채 입사했다. 직장을 다니며 대학교와 석박사 대학원을 졸업했고 삼성그룹, U그룹을 거쳐 KG그룹으로 스카우트되어 상무로 일하다 퇴사한 후 한세대학교 사회과학대 전임교수로 일하고 있다.

왜 때려치웠나?

주로 더 좋은 조건의 다음 직장을 예정한 후 퇴사했고, 마지막 회사에서만 달랐다. 내 생각이 항상 베스트라는 건 아니다. 합당한 기준이 있다면 충분히 재고할 수 있고, 당연히 그래야 하지만 스스로 납득할 수 없는 판단을 내가 관리하는 이들에게 지시할 수는 없다. 잘못된 지시로 인한 손해는 고스란히 그들에게 돌아가고, 그건 곧 회사의 매출 감소로 이어지니까. 그 말은 곧 내가 내 자리에서 해야 할 일을 제대로 못 했다는 뜻이기도 하다.

왜 참았나?

누구나 그렇듯 지금 상황이 100% 좋기만 한 것은 아니다. 여기서도 또 이루고 싶은 부분이 있고 노력하고 갈등하는 부분도 있다. 하지만 어떤 것도 내 가족보다 중요하지는 않다. 생사를 가르는 문제가 아니라면 가정의 안정과 행복을 위해서 참아야 한다고 생각한다.

회사원 25년,
48세에 전임교수가 되다

한세대학교 사회과학대
C 교수

교수님이다. 어쩐지 '노잼'일 것만 같다. 이룬 업적이 많은 어른일수록 브레이크 없는 랩으로 무용담만 발사할 가능성이 있으니까. 그렇다고 포기할 수는 없었다. 누군가에게 내가 가진 지혜와 지식을 전달하는 일은 매력적이다. 사회적인 인정까지 따라오는 직업이니 더욱더 매력적이다. 막상 내가 잡을 수 있는 교수직이 앞에 있다고 생각해보라. "싫어. 안 할래!" 라고 할 사람이 얼마나 될까. 솔직히 나는 누가 겸임이라도 교수시켜준다고만 하면 덥석 응할 것이다.

그래서 고르고 골랐다. 그것도 잘생긴 교수님으로 인터뷰 대상을 골랐다. 이런 난항(노잼 예상)의 인터뷰일수록 잘생김은 정말 중요한 요소다. 그런데 솔직한 인터뷰를 위해 얼굴과 이름을 공개를 안 하신단다. 이 얼굴을 나만 보다니 아쉽다. 자, 이제 한세대학교 사회과학대 C 교수를 만나보자.

Q. 간단한 직장 유랑의 역사를 말해 달라.

사회인으로 처음 입사한 곳이 현대그룹 A계열사의 경비 9사대였다. 이후 현대그룹 B계열사, 한진그룹, 삼성그룹, U그룹, KG그룹, S로컬 컨설팅펌, H연구소 연구원으로 일했고 지금은 한세대학교 사회과학대에서 교수로 재직하고 있다.

Q. 대기업 이름이 이렇게 줄줄 나오는 인터뷰는 처음이다. 원래 교수라면 이 정도 스펙이어야 하는 건가?

아니다. 학과마다 좀 다르지만, 내가 좀 특이한 케이스이고 보통 30대 초중반에 박사 마치고, 겸임 몇 년 하다가 30대 중후반에 첫 임용되는 경우가 대분이다.

Q. 하긴 사회과학 쪽으로 48세에 첫 임용이라는 것만 봐도 특이한 케이스다. 그런데 첫 직장이 경비? 20대 초반이었을 텐데?

1989년도였는데 그때는 산업연수생이라는 게 있었다. 해병대에 있을 때 신문에 난 산업연수생 공고를 보고 내가 해야겠다고 생각했다. 미국과 일본 중 가까운 일본을 가려고 보니 비용이 120만 원이었다. 제대하면 그 돈부터 마련해 일본으로 떠날 생각이었다. 그러던 차에 당시 현대그룹 A계열사 경비대장으로 근무하던 해병대 선배가 부대에 와서 될 성싶은 후배들에게 입사를 제의했었다. 그때 내가 좀 괜찮았는지 입사 제안을 했는데 월급이 많더라. 딱 3개월 일하면 일본에서 쓸 생활비까지 넉넉하게 벌고도 남겠다는 생각에 시작했다.

Q. 좀 괜찮아야 경비원을 할 수 있는 건가? 9사대는 뭔가. 군대 이름 같다.

그때는 강성노조, 데모가 많았을 때였다. 경비가 실제로 데모를 진압해야 할 때도 많았던 때라 나라를 구한다는 명분으로 '몇 사대'라고 이름이 붙었다. 수출입이 많은 회사라 해외 손님도 많이 왔는데 그때는 지금만큼 유창하지 않았지만 안내하고 웃으면서 대화할 정도의 영어 실력이 있었다. 몸도 좋았고, 똑똑해서 문무를 겸비한 인재라고 인정받았다.

지금도 괜찮긴 하지만 자기 자랑을 본인 입으로 그렇게 스스럼 없이 하시다니요.

Q. 지금으로 치면 아르바이트 같은 개념인가 보다. 정말 딱 3개월 일하고 일본으로 갔나?

3개월이 되어가니 일본을 가야 하나 말아야 하나 고민했다. 형편이 좋지 않은 가정에 장남이라 가족들 걱정이 많이 되더라. 결국엔 꼭 해외에 가야 성공하는 건 아니니 국내에서 한번 해보자고 이직을 결심했다. 신문에 난 채용공고를 보고 현대그룹 B계열사 품질관리과에 입사했는데 오래할 일은 아니라는 생각이 들었다. 그다음에 지원한 회사가 한진그룹이었다. 합격을 확인한 후에 현대에서 퇴사했다.

21c 젊은이들이여. 1989년도엔 인터넷은커녕 컴퓨터도 귀했다. 혹시 DOS라고 들어본 적 있나? 마우스 없는 컴퓨터 본 적 있나? 그런 컴퓨터조차 귀했던 그 시절. 믿기 어렵겠지만 그때는 조중동이 네이버이고 잡코리아였다.

Q. 대학 안 가고 이직? 박사까지 갈 길이 먼데 공부는 언제 어떻게 시작했나?

20살 때는 집안 사정이 넉넉지 않아 등록금이 없는 육군사관학교를 지원했다가 입시에 실패했다. 그래서 해병에 지원했고 제대하고 바로 취업하다 보니 못다한 공부에 대한 바람이 항상 있었다. 한진그룹 A계열사 공채 1기로 입사한 후, 능력은 이미 전문가로 인정받았음에도 승진은 대졸 사원보다 7년이 늦더라. 고졸 선배들을 보면 만년 대리였다. 그냥 그렇게 있으면 안 되겠다는 생각이 들어 대학에 입학했다. 그때 결혼해서 한 가정의 가장이었던지라 결정이 쉽지는 않았다. 마침 직장에서 멀지 않은 위치에 국립대학이 있어서 입학했고, 등록금은 거의 장학금으로 충당했다.

Q. 그 시절 육군사관학교는 서울대와 어깨를 나란히 했다고 들었다. 학력 인플레이션이 덜할 때고, 한진그룹은 탄탄한 회사니 그냥 현상 유지만 해도 나쁘지 않았을 것 같은데 남들보다 잘해야 한다는 생각이 원래 있었던 것 아닌가 싶다. 학창 시절 우등생이었나?

공부를 해야겠다는 생각이 들었던 때가 중학교 2학년 때였다. 마음먹고 공부하니 전교 10등 안에 들더라. 수학처럼 기초가 필요한 과목은 좀 어려웠다. 그때는 중고등학교 등록금도 비쌌다. 등록금 면제 고등학교에 가기로 하고 마음 편히 있었는데, 중3 때 담임선생님의 실수로 입학 지원 시기를 놓쳐 일반 고등학교에 가게 됐다. 다행히 성적과 성실한 학교생활을 인정받아서 졸업 때까지 전액 장학금을 받았다.

나도 중2 때 마음먹고 진짜 열심히 공부했는데. 왜 나는 50명 있는 반에서 16등이었을까?

Q. 현대그룹, 한진그룹까지 말했다. 삼성그룹, U그룹, KG그룹. 이 회사들은 어떻게 가게 된 건가?

한진그룹 A계열사 공채 1기가 우리나라 해당 분야 1호 직원들이다. 나도 그렇고 동기들도 전문가여서 외부에서 스카우트 제의가 많았다. 지금 CJ그룹에 있는 동기도 많다. 나에게도 스카우트 제의가 왔지만 직급과 연봉에 별 차이가 없어서 옮기지 않았다. 후에 삼성그룹에서 승진과 30% 연봉 인상의 조건으로 스카우트 제의가 있어서 응했고, U그룹, KG그룹도 거의 그렇게 스카우트되어 이직했다.

Q. 이번 인터뷰는 망한 것 같다. 계속 더 좋은 조건으로 스카우트되었는데 참을까 때려치울까를 고민할 일이 뭐가 있나.

있었다. 두 번.

Q. 오! 내가 바라는 게 바로 그거다! 하나씩 가보자. 먼저 첫 번째 고민했던 때의 상황과 어느 쪽을 선택했는지 말해 달라.

U그룹에서 스카우트 제의가 들어왔을 때 나를 필요로 한다

면 승진 및 연봉 인상, 10년 고용보장, 2~3년 이내 승진, 본의 아니게 회사 일로 퇴직할 경우 10년 연봉 일할 계산 지급 등의 조건을 제시했다. 다 수용하겠지만 제시한 직급으로의 승진과 계약서 사인은 다음해 초에 하자고 하더라. 대신 스톡옵션을 많이 받고 이직했는데 2~3년 후 타 계열사에 손해가 많아지면서 회사 사업 정리가 시작됐다. 그때 회사 측에서 가진 주식을 거의 절반값으로 팔 것인지, 말 것인지 내게 물었다. 속뜻은 '여기서 계속 일할 거면 팔고, 안 팔 거면 나가라'였다. 그때가 박사 1년 정도 남은 시기였다. 참느냐 때려치우냐의 기로에서 참았다. 회사에서 요청한 대로 주식을 처분하니 손해가 3억 원 정도 되더라.

Q. 영화에서 많이 보던 소재다. 해줄게, 해줄게 하다가 결국 약속 안 지키는 기업. 속상하다. 그때 왜 거절하지 않고 참았나?

그때 마음고생을 좀 했다. 정말 많이 생각했는데 그 회사에서 내가 할 일이 많다고 생각했다. 그 시기를 넘기면 잘될 거라는 가능성도 고려했고 박사 졸업까지 1년이 남아 있어서 시기가 모호하기도 했다.

Q. 두 번째 참을까 때려치울까를 고민했던 때도 그 회사에서였나?

아니다. 그 후 2년 정도 지나서 KG그룹으로 스카우트됐다. 직급, 연봉 등 제시한 조건도 다 수용됐는데 이직한 지 얼마 안 돼 나를 영입한 대표이사가 사임했다. 갑자기 주인이 없어진 대표이사 자리가 며칠 후에 내게로 왔다. 회사 측에서 대표이사를 맡으라고 제의한 것인데 거절했다.

헐!

Q. 아니, 도대체 어떤 이유로! 여태 앞만 보고 달려왔는데 눈앞에 대표이사 거절이 웬 말인가. 왜 그랬나?

지금이라면 한다고 할 것 같다. 그때는 나 스스로를 '참모의 그릇이지 대표는 능력 밖'이라고 생각했다. 참모일 때는 참모의 자리에서, 대표일 때는 대표의 자리에서 회사의 발전에 도움을 줄 수 있는데 그때 나는 내 그릇을 너무 작다고 여겼다.

아, 정말 뭐라 할 말이 없다. 교수님. 다음부터는 꼭 기억하세요. 못 먹어도 고.

Q. 그래서 방금 말한 대표이사 거절이 두 번째 고민의 선택인가? 대표이사 때려치움?

아니다. 그 이야기는 이제부터다. 회사 측은 나에게 회사 경영을 신경 써 달라고 하며 다른 분야의 타사에서 대표이사를 영입했다. 둘 다 회사를 발전시키려는 목적은 같았지만 일해 온 분야가 달라서인지 경영관이 너무 달랐다. 만약 내가 그때 대표이사 제의를 수락했다면 내 뜻대로 회사를 발전시킬 수 있었을지도 모르겠다. 하지만 그 대표이사와 경영관이 너무 달라 같이 일할 수 없었다. 참을까 때려치울까를 고민했던 때가 이 지점이다. 나는 때려치웠다.

네? 때려치웠다고요? 갑자기?

Q. 다음 직장도 없는 상태에서 이렇게 갑자기? 여태까지 그런 적은 없지 않았나. 어떻게 된 건가.

나는 회사 매출의 극대화를 위해 대리점 이탈을 막아야 하는 책임이 있었다. 대리점이 회사의 지시대로 따라오지 못해도 계속하고자 하는 분명한 의지가 있고, 단지 잠깐의 어려움이 문제가 되는 상황이라면 편의를 봐주면서 대리점을 지켜야 한다고 생각했다. 회의석상이었다. 대표이사는 편의를 봐주지 말고 버리라는 쪽이었고 나는 편의를 봐주자는 쪽이었다. 만에 하나 그 대리점으로 인해 문제가 생긴다면 내가 책임을 지겠다고 하니 공개적으로 내 경영관을 비판했다. 그 자리에서 '그럼 직접 하시라'고 말했다. 그다음은 "지금 그만두겠다는 거야? 김 상무! C 상무 그만둔대. 사직서 받아."라고 응수하더라.

성공시대 다큐에서 갑자기 분위기 드라마다. 그것도 아침 드라마. 신규 사장과 기존 상무의 기싸움 장면 정도 되려나?

Q. 그 사람 입장에서는 눈에 가시였을 수도 있겠다. 타사 대표이사로 승진해서 왔는데, 인정받고 영향력 있는 상무가 버티고 있으니…. 마음속으로 쾌재를 불렀을지도.

퇴사하고 H연구소 연구원으로 있을 때 한 번 찾아왔던 적이 있었다. 앞으로도 잘 협력하자는 이야기만 나눴는데 그때가 좀 어려웠던 때라고 나중에 알게 됐다. 그래도 그 후에 잘됐다더라. 나도 학교로 와서 전공교재를 출판했을 때였는데 미안하면 책이라도 좀 사라고 책을 한 권 보냈었다. 그런데 안 사더라. 하하.

Q. 지금은 웃을 수 있지만 그때는 심각했을 것 같다. 군 제대 이후로 직장이 없던 적이 하루도 없지 않았나. 정신적으로도 힘들었을 것 같은데 어땠는지 자세히 말해 달라.

그때도 프리랜서 컨설팅을 하긴 했지만 태어나서 처음 소속이 없는 상태로 6~7개월을 지냈다. 그때 담배를 끊었다.

말씀 중에 죄송하지만 잠깐. 아니, 사람이 힘들면 약해지고 방황도 좀 하고 그래야지. 그 상황에 담배를 끊다니요? 너무 올바른 거 아닌가요?

Q. 좀더 자세히 말해 달라.

이전에 안 했던 많은 생각을 하게 됐다. 소속이 없어지니 내가 아니라 가족들에게 혹시 피해가 있을지, 마음은 어떤지 살피고 있더라. 나만 생각하며 앞만 보고 살아온 줄 알았는데, 실은 가족들을 위해 살아왔다는 것을 알았다. 가족들을 위해서라도 안주하지 말아야겠다고 생각했다. 그때 내 감정을 글로 써뒀다. 나중에 인생을 정리하는 때가 오면 자서전 같은 책을 내고 싶은데 그중 한 부분을 채울 글이다.

공채로 입사한 신입 직원이 노력과 실력으로 상무가 될 때까지 일 생각을 하지 않았던 날은 하루도 없었을 것이다. 20년이 넘는 시간 동안 그렇게 살다가 퇴사와 함께 갑자기 생각할 일이 없어지며 새로운 길을 만들기 시작했다.

Q. 나도 전 직장이 대학교였다. 교직원으로 일하면서 대학이 이런 곳이라는 것을 알게 됐는데 능력 유무를 떠나 임용이 쉽지 않았을 것 같다. 어땠나?

기업과 학교는 다르더라. 수십 통의 지원서를 내고 면접과 시강을 했다. 그 수십 번 중 마지막으로 지금 일하고 있는 한세대학교에서 최종면접을 보고 미얀마로 출장을 갔다. 너무 많이 실망한 터라 기대는 없었다. 귀국하면 컨설팅 회사를 열 생각이었는데 미얀마에 있을 때 합격 연락을 받았다.

난 이게 진짜 얼마나 어려운 일인지 안다. 그래서 '소오름' 돋게 놀랐다. 진짜 인간극장이다.

Q. 정말 극적이다.

취업이라는 것이 짝사랑으로는 안 된다. 서로가 서로를 원해야 가능하다. 구직자가 정말 뛰어나다고 해도 상대가 필요로 하지 않으면 성사가 안 된다. 상대가 원한다고 해도 그때 적합한 구직자가 없으면 안 된다. '때'가 맞아야 한다. 서두른

다고 될 일이 아니다. 놀더라도 기회가 올 수 있고, 반대일 수
도 있다. 요즘 취업을 앞둔 학생들에게 말해주고 싶다. 힘 빼
지 말고 때를 봐야 한다고 말이다.

Q. 연애네, 연애.

맞다, 연애. 때를 보려면 준비가 되어야 하고 그래야 목표
를 이룰 수 있다. 돌아보면 지금까지 못 이룬 목표는 없던 것
같다. 비결이 있는데 몇 년 전까지만 해도 로스쿨 없이 사법
고시를 패스하면 법조인이 될 기회도 있지 않았나. 하지만 나
는 도전하지 않았다. 내가 할 수 있는 것에만 도전했다. 그래
도 '내가 할 수 있는 것'의 범위를 만드는 것도 역시 나다. 교수
임용을 준비할 때 격려해주던 사람도 있었지만, 나이가 있는
데 그게 가능하냐고 비웃던 사람도 있었다. 선택은 내 몫이다.

**Q. 목표를 세우고 그것을 이루기 위해 노력하고 달성하면서 지금
까지 온 것 같다. 보기엔 성향에 잘 맞으니까 오래 잘할 수 있었던
것 같은데 어떤가? 목표를 이룰 때마다 보람과 행복을 느끼나?**

목표를 이뤘을 때 느끼는 것은 허무함이다. 힘들게 노력할
수록 크게 허무하다. 박사학위 땄을 때가 제일이었던 것 같
다. 남들보다 1년 정도 일찍 논문을 계획했고 지도교수와 많

은 상담을 했다. 정말 노력해서 6학기 만에 최우수 논문상을 받고 졸업했다. 졸업식 당일, 지도교수가 "축하합니다, C 박사님!" 하는데 눈물이 쏟아질 것 같았다. 졸업 후 한동안 멍했다. 직장 생활과 함께 학부, 석박사를 하는 동안 가방이 항상 무거웠는데 졸업하고 나니 텅 비었더라. 목표를 이루고 나면 다시 시작점으로 돌아가는 것 같다. 이전에 빽빽했던 머리와 가방이 빈 상태가 되었다. 이제 그 빈 가방을 채우는 게 새로운 목표가 되었지만, 이미 이룬 목표가 바탕이 된다는 점이 다르다. 석사도 박사도 마찬가지다. 박사로서 무엇인가를 시작한 게 교수로 연결된 것 같다.

Q. 교수로의 전업은 언제 목표했나?

갑자기 생각한 것은 아니다. 정년이 길든지, 나이에 관계없이 할 수 있는 일이 필요한데 돈이 없으니 투자는 못 하고 다만 여태 노력했으니까 머리에 있는 것을 쓸 수 있겠다고 생각했다. 그게 교수였다. 내 성향과도 잘 맞을 것 같아서 목표로 정했지만 그때는 직장에서 맡은 일이 있다 보니 본격적인 준비는 힘들었다. 회사를 그만두고 교수 임용을 알아보니 연구원 경력이 필요하더라. 그래서 지역별 개발연구원 공무원으로 광주개발연구원에 지원했다.

Q. 광주개발연구소? 아까 경력이 H연구소 연구원이라고 하지 않았나?

맞다. 합격은 했지만 취소할 수밖에 없었다. 가족들과 1년에 한 번씩 여행을 가기로 하고 일본 여행을 계획하고 있었는데 여행 날짜와 연구소의 중요한 발표 날짜가 겹치더라. 연기해 달라고 부탁했으나 거절당했다. 당연히 그쪽도 일정이 있는데 나만을 위해서 바꿔줄 수는 없었을 거다. 그 후에 H연구소에 입사했다.

Q. 보통 이런 경우에는 여행을 포기하는데, 후회는 없나?

그 일을 포기하지 않았더라면 지금 인생이 또 어떻게 진행됐을지 모르겠지만 지금 생각해도 후회는 없다. 아까 말했듯이 가족이 중요하니까.

Q. 같은 분야라고는 해도 실무 경영자에서 교육직으로의 전환이다. 생활 사이클이나 만족도는 어떤가?

이전에도 열심히 일했고, 보람도 있었고, 나와 잘 맞는다고 생각도 했다. 그런데 최근에 학생들을 가르치는 일을 말하며 "내가 좋아하는 일이라서 그런지"라는 말을 나도 모르게 하고 있더라. 그리고 강의할 때에는 평소에 기억 안 나던 것들도 순간적으로 떠오른다. 아무래도 사회보다 경쟁이 덜하고 좋아하는 일이라 그런지 두뇌 회전이 빨라지는 것 같다. 회사 생활을 할 때는 365일 중에 대부분을 회사 일을 생각하며 지냈다. 교수도 바쁜 교수가 있고 안 바쁜 교수가 있다. 난 바쁜 교수인데, 그럼에도 방학이 있으니까 부족한 부분을 채울 수도 있고, 실험적인 교수법을 연구해볼 시간이 있다는 점도 좋은 점이다.

Q. 끝이 얼마 안 남았음을 알리는 질문이다. 참는 사람과 때려치우는 사람 중 지금 어느 쪽이라고 생각하는가.

나는 때려치울 수 없는 사람이다. 상황이나 조건을 떠나서 참는 사람이어야 한다고 생각한다. 나만 생각할 수는 없다. 내가 편한데 그로 인해 가족이 불편하다면 나는 참아야 한다는 생각이 깔려 있는 것 같다.

Q. 시간을 되돌려 바꾸고 싶은 것이 있나? 난 아까 그 대표이사 자리가 영 아깝다.

지금이라면 자신 있게 대표이사를 선택하겠지만, 다시 돌아가고 싶은 순간은 그때가 아니다. 무엇인가 바꿀 수 있다면 남들처럼 공평한 출발선상에 서보고 싶다. 고등학교를 졸업

하고 바로 사회생활을 시작했다. 그래서 그 간격을 따라잡고 그보다 더 잘해야 한다는 생각으로 살았다. 지금 교수가 된 입장에서 생각해봐도 30대로 간다면 그때 박사학위를 따서 똑같이 경쟁하고 싶다. 나는 40대에 박사학위를 따서 출발이 늦었다. 그래서 나이가 많다는 핸디캡을 가지고 있다 보니 더 힘들었다. 누군들 후배를 맞이하는데 나보다 5살, 10살 많은 사람이 좋겠나. 이해가 가는 부분이다. 그래서 시간을 되돌린다면 남들과 똑같은 출발선에서 시작하고 싶다. 그렇다면 수십 번씩 어플라이하지는 않겠지.

어플라이를 수십 번 했지만 결국 못 하는 사람이 훨씬 많다. 출발선이 남들보다 뒤처지는데도 노력과 실력만으로 이루어낸 것들이라 더 대단하지 않은가.

Q. 마지막 질문이다. 인생의 끝에 이루고 싶은 게 있나?

먼저 지금 하고 있는 일을 잘하고 싶다. 학교에서 이루고 싶은 목표도 있고, 나중에는 컨설팅 회사를 열 생각도 있다. 인생의 끝이라니 많은 생각이 든다. 이건 아무에게도 말 안 했는데 나중에 죽으면 시신은 화장해서 뿌려주면 좋겠다. 가장 높은 산 위에서. 어느 한곳에 머무르지 않고 전 세계를 자유롭게 누비고 싶다.

❖ ❖ ❖

　남의 인생을 보고 평가하는 건 참 쉽다. 하지만 내 인생을 꾸려나가는 건 쉽지 않다. 말 그대로 내 인생을 걸어야 하고 까딱하면 인생을 말아먹을지도 모른다는 긴장이 늘 동반되니까 말이다. 인생 계획표를 아주 기가 막히게 짠다 해도 인생은 절대 계획표대로 움직여주지 않는다. 계획표대로 된다면 다 대표 이사되고, 다 교수되고, 다 아이돌이 됐겠지.

　상황이 이렇다 보니 똑같아 보이는 일상 속에 삶의 방향에 대한 생각을 슬그머니 놓는 경우가 많다. 생각대로 되지도 않는데 왜 굳이 생각을 해야 하나 싶다. 그럼에도 나는 지금 생각하기를 멈추지 말자고 주장하려 한다.

　물론 생각지도 못한 일로 더 잘 풀리는 경우도 있다. 하지만 인생은 흐르는 것이다. 잘 풀렸다고 끝이 아니다. 그 이후의 생활이 계속된다. 반대로 생각과는 다르게 꼬여갈 수도 있다. 하지만 인생은 흐르는 것이다. 꼬였다고 끝이 아니다. 그 이후의 생활이 계속된다.

　원하든 원치 않든, 생각을 하든 하지 않든, 시간과 함께 쉼

없이 흐르는 것이 인생이다. 생각만으로 인생 항해에 나선 배라고 해서 무조건 나를 보물섬으로 데려다주지는 않지만, 생각하지 않으면 말 그대로 유랑의 삶을 살 수밖에 없다. 내 인생의 지표가 되는 것은 내 생각뿐이니까. C 교수의 말처럼 선택은 내 몫이다.

인생의 끝엔 무엇이 있을까 궁금하다. 궁금하다는 이 생각도 내 인생의 지표를 만드는 재료가 되겠지. 이렇게 보면 살아서 숨 쉬는 하루하루가 기회라는 말도 정말 맞다. 오늘 하루를 알차게 보내는 가장 쉬운 방법인 '생각하기'를 놓치치 말기를 바란다.

내가 찾는 파랑새

상무는 해도 대표는 못하겠다고 거절했단다. 나는 참모지 대표 감은 아니라고 생각했단다. 이 대목에서 진짜 놀랐다. 내가 보고, 듣고, 느낀 C 교수는 아주 당당한 자신감 그 자체였으니까. 이전까지 계속 연봉 인상, 승진, 기타 등등은 당당하게 요구하며 스카우트의 릴레이를 달리신 분이 아니, 왜? 상무에서 대표라고 그것만 유독 왜? 도대체 어떤 이유로 왜 대표감이 아니라서 못 하겠다는 거지? 이거 진짜 콩 심었는데 팥 나는 느낌이다.

개연성 없어 보이는 그 선택의 심리적 기반이 너무 궁금했다. 며칠 동안 10장도 넘는 편집 전 인터뷰 원고를 보고 또 보며 계속 생각하다가 드디어 그 이유를 발견했다. 그 이유는 바로 '당당함과 자신감으로 무장한 태권브이 같은 그 역시 가끔은 흔들리는 사람이기 때문'이라는 것이다.

지금 당신이 무슨 생각을 하는지 짐작이 간다. 이토록 당연하고 진부한 이유라니 어이상실의 콧방귀를 뀌었어도 이해한다. 하지만 이렇게 진부하고 당연한 사실을 나와 당신이 정말 알고 있는지, 수용하고 있는지 묻고 싶다.

'능력 있다' '멋있다' '자상하다'라는 수식어가 따라붙는 누군가도 역시 그저 사람이니 항상 그럴 수만은 없다는 간단하고 당연한 사실을 정말 알고 있다면, 왜 나는 능력 있는 누군가가 어쩌다 실패했을 때 실망할까. 대체적으로 멋있는 누군가가 가끔 고장난 것 같을 때 왜 한 대 치고 싶을까. 세상 자상한 누군가가 열에 한 번 무심했는데 왜 삐지고 난리일까. SNS 속 이쁘고 인기 많은 유명인의 사진만 보고 왜 나도 모르게 저 사람은 매일 즐겁고 행복할 것 같다는 생각을 하게 될까.

결정적으로 왜 나는 스스로 누군가와 비교해 어둠의 자식이 된 듯한 자괴감을 만들어낼까. 마지막 질문에 뼈 맞았다면 우리 한번 같이 생각해보자. 분명히 알고 있는데 모르는 것과 똑같은 이 희한한 상황에 대해서.

07

어쩌다
소설가, 목사,
드라마 작가

×

"진짜를 찾기까지
14번을 때려치웠다"

#원래_생각이_많고_깊은_스타일
#조직_생활에는_마이너스_소설가에는_플러스
#14번_때려치우고_6년_놀면서_내면에_집중
#이제는_때려치우고_싶다는_생각이_들지_않음
#프로_포기러들의_희망

주원규 소설가, 목사, 드라마 작가

동서말씀교회 목사. 《메이드 인 강남》《열외인종 잔혹사》《반인
간선언》《망루》《크리스마스캐롤》《힘내지 않아도 괜찮아》외
다수의 소설을 쓴 소설가. 2017년 tvN 방영 드라마 〈아르곤〉,
2019년 OCN 방영 예정 드라마 〈모두의 거짓말로〉외 다수의
극본을 쓴 드라마 작가.

왜 때려치웠나?

전기감리사는 내 몸에 맞지 않는 옷이었다. 기계가 되어가는 느
낌이랄까. 무조건적인 인내는 미덕이 아니라고 생각한다

왜 참았나?

글쓰기를 통해 계속 나와 만나며 외적 요건과 관계없이 행복할
수 있는 동력을 얻은 것 같다. 지금 무엇인가 참고 있다는 생각은
없지만, 만약 있다고 해도 드라마와 소설을 통해 나를 발견하는
길을 포기하진 않을 것 같다. 아마 그렇게 발견된 내면의 내가 성
서를 연구하고 전하는 일을 원해서 목사가 된 게 아닌가 싶다.

14번의 퇴사,
무소득 6년이 찾아준 진짜 나의 일

소설가, 목사, 드라마 작가
주원규

이번 인터뷰이는 소설가, 목사, 드라마 작가를 겸업하는 직업 부자다. 직업 하나도 얻기 힘든 판국에 무려 세 가지라니! 직업이 세 가지면, 수입도 세 배일까? 부럽다. 직업 부자인 만큼 직업과 인생의 이야기보따리가 상당할 것으로 예상된다.

Q. 현재 직업이 목사, 소설가, 드라마 작가다. 직업이 세 가지면 수입도 트리플인가?

오해다. 목사는 수입과는 거리가 멀다. 소설가가 소설책의 인세로만 수입을 기대하기는 힘든 상황이다. 다 합쳐도 수입은 그냥 프리랜서 한 명분 수입 수준으로 생각하면 된다.

Q. 지나친 겸손의 말씀 같지만, 일단 그렇다 치고 인터뷰를 시작하자. 간단하게 직업의 유랑사를 말해 달라.

대학 졸업하고 27살부터 30살까지 전기과 전공에 맞춰 전기기사, 전기감리사 일을 했다. 이후로 35살까지 백수 생활을 하다가 36살에 목사 안수를 받고 한겨레문학상을 받으면서 소설가로 등단했다. 그 이후로 주로 글을 쓰며 종종 전기감리사 일을 했었다. 드라마는 2017년 tvn 〈아르곤〉이라는 작품으로 처음 시작했고, 지금은 소설, 칼럼, 에세이 등의 글을 쓰면서 드라마 극본 작업을 같이 진행하고 있다.

Q. 혹시 전기감리사, 목사가 만족도 높은 직업으로 상위 랭킹이라는 것 알고 있나. 하나만 해도 만족도 5위 이내인데, 그런 직업을 겸업하다니 직업 만족도도 2배인가?

대학 졸업 후 4년 동안 전기기사, 전기감리사 일을 했는데, 서울, 경기, 천안을 두루 돌며 회사를 14번 때려치웠었다. 전혀 만족스럽지 않았다. 목사는 좋아서 하는 일이지만 직업이라는 단어와는 어울리지 않는 느낌이다.

Q. 4년 동안 14번을 때려치우다니! 일반적인 선택은 아니지 않나? 14번이나 때려치운 이유가 무엇인가?

상명하복의 조직 생활 적응이 어렵기도 했고, 친화라는 명목으로 가고 싶지 않은 회식을 가야 하는 등 인간관계도 불편했다. 2교대로 열악한 환경에서 일할 때도 있었는데, 같은 기술자끼리의 곤조, 텃세도 이해가 가지 않았다. 3D업종이라는 시선도 있는데 그 안에도 높낮이가 나뉘는 현실이 슬펐다. 거창하게 말하면 그렇고, 편하게 말하면 아침에 출근하기가 싫었다. 특히 7시 반에서 8시 사이에 2호선 전철을 타는 게 너무 힘들더라.

Q. 2호선이라면, 신도림역에서 강남역 사이?

맞다. 지금 그 구간을 다니는 분들께 죄송하지만 그 지옥의 구간을 다시는 경험하고 싶지 않다.

나도 그 구간으로 출퇴근하다가 일주일에 두세 번씩 지하철 변태한테 시달리는 등 아침저녁으로 토할 것 같아서 3개월 만에 때려치웠는데…. 퇴사 이유가 똑같으니 어쩐지 반갑다.

Q. 그래도 지나고 보니 그 14개 회사 중 좀 아까운 회사도 있지 않나?

전혀 없다. 그중 가장 대우가 좋았던 일이 과천정부청사 전

기공무직이었는데, 입사시험 경쟁률이 가장 높았던 그 회사
가 공교롭게도 최단 근무 회사가 됐다. 27일인가? 한 달을 못
채우고 퇴사했다. 그때 이렇게 안정적인 일이 어디 있느냐고
퇴사를 말렸던 분이 계신데 지금은 5급이라며 정말 만족해하
시더라. 그래도 나는 여전히 아니다. 지금 다시 돌아가라고
한다면 더 빨리 그만뒀을 것 같다. 한 보름?

**Q. 나도 남들이 뭐라든 내가 싫으면 그만두는 편이긴 한데, 그만
두고 나서 이것도 못 버티는 내가 한심하기도 했다. 애초에 때려
치우지 말든지, 주체적으로 때려치웠으면 스스로 자책하지 말든
지. 나는 왜 주체성마저 이리 소심할까, 하며 자책하는 편이다.**

그랬나? 나는 그런 생각은 없었다.

Q. 정말인가? 아주 조금도? 1도 없었나?

나만의 스타일인 것 같다. 전혀 한 번도 한 적 없었다.

Q. 다들 조금은 나처럼 소심한 줄 알았는데 아닌가 보다. 부럽다.

그때 좀 근거 없는 낙관이 있었던 것 같다. 이 시스템이 싫
은 거지, 다른 시스템에는 적응할 수 있다고 생각했다. 전기기
사나 감리사는 구직이 어려운 직종이 아니라 더 그런 것 같기

도 하고. 거기에 나만의 스타일이 더해져서 '절이 싫으면 중이 떠나지, 일할 데 없으면 라면만 먹으면 되지' 하고 생각했다.

Q. 지금은? 지금도 라면만 먹을 수 있나?

자본의 세례를 받고 나니 지금은 좀…. 일주일에 탕수육 한 번쯤은 먹어야 하지 않을까.

Q. 30세부터 35세까지는 백수라고 했다. 6년 동안 뭐하고 놀았나?

30세 때가 인생의 전환기였던 것 같다. 신성한 것에 대한 관심으로 신학을 하려고 C 신학대학원에 진학했었다. 신학대에는 채플이라는 예배에 참석해야 할 의무가 있는데, 개인의 선택으로 이루어져야 할 예배에 의무를 부과한 것에 이의를 제기했다가 한 달 반 만에 교무처로 불려가서 자퇴서에 사인하게 됐다. 이후로 입학한 A 신학대학원, 그 후 B 신학대학원 둘 다 1학기 끝날 때쯤 학교의 신학 방향과 맞지 않다며 자퇴를 권고(?)받았다. 그때는 몰랐는데 신학대학원끼리 공유하는 블랙리스트가 있는 것 같다. 그렇게 3군데 신학대학원에서 거부당하고 나니 32살이었다. 그때부터는 '에라, 그냥 혼자 공부하자' 하고 독학하면서 놀았다.

내쫓을 거면 말이라도 빨리하든지 등록금 다 내고, 한 학기 시간 다 버린 후에 어쩌라는 건지. 그렇게 버린 시간이랑 돈을 다 합치면 졸업장 하나 받았겠다.

Q. C 신학대학원이라면 입학시험으로 TEPS 보는 학교 아닌가. 입학 경쟁률이 꽤 센데 한 달 반 만에 그만두다니 아깝다. 그런데 이의제기란 어느 정도 수준이었나?

그때가 2002년이었는데 학교 근처 전철역에서 1인 시위로 피켓을 들었다. 다른 건 그렇다 치더라도 한 달 반밖에 안 다녔으니 등록금 일부라도 돌려줘야 하는 것 아닌가. 안 줬다. 나중에 소설로 쓸까도 생각 중이다.

2002년이면 다들 월드컵에 빠져서 'Be the reds' 피켓 들고 있을 때인데, 그 와중에 '채플 참석의 자유' 피켓이라니.

Q. 나도 채플 있는 대학 다녔는데 뒤에서만 욕했지 학점 잘 안 줄까 봐 무서워서 문제 제기는 못했다. 후환이 두렵지 않았나?

원래 그런 쪽으로는 좀 둔한 것 같다. 물론 그때는 그 여파로 다른 대학원에서 줄줄이 거부당할지 몰랐다. 하지만 그래서 혼자 공부하여 33살에 교단신학교에 입학했다. 몇 년 후

소설가로 일하면서 A, B, C와는 교단이 다른 D 신학대학원에서 석사, E신학대학원에서 박사를 마쳤다.

Q. 목사는 수입과는 별 상관이 없다고 했다. 그럼 종교적 사명감으로 하는 건가?

사명감은 아닌 것 같다. '나는 싫지만 하나님이 시켰다' '천국을 확장시키고 싶다' '하나님이 기뻐하는 일을 하고 싶다' 같은 이유는 확실히 아니다. 그냥 맞다고 생각하는 걸 하고 싶어서? 다른 이유는 못 찾겠다. 아직까지는 그렇게 힘든 적도, 그만두고 싶은 적도 없었다.

사명감도 아니라면 왜 하는지 진짜 미스터리다.

Q. 혼자 신학 공부를 했다고 했는데, 워낙 방대한 학문의 세계라 감이 안 온다. 무슨 공부를 어떻게 했나?

우리나라 성경은 번역 성서 위주인데, 나는 본래의 취지 그대로 성서를 읽고 싶은 바람이 컸다. 그래서 신약은 희랍어라고 불리는 헬라어, 구약은 히브리어로 쓰인 그 원문을 읽고 독해하며 의미를 풀이하는 성서 원문강독을 시작했다. 그때가 내 평생 제일 열심히 공부했을 때였다. 하루에 12시간은 한 것 같다.

Q. 언어는 사회적 약속 아닌가. 특히 히브리어, 헬라어는 역사가 오래된 만큼 같은 단어에 많은 의미가 있는 것으로 알고 있다. 그래서 그냥 덮어놓고 한글 성경만 보는 사람도 많다. 강독의 기준이 될 큰 틀을 짜는 게 정말 어려울 것 같다.

맞다. 언어는 시대에 따라 읽히는 의미가 다르다. 성서 강독은 배경사(그 시대에 그 언어를 받쳐주고 있는 배경), 언어 이론사(언어 자체가 가지고 있는 고유의 운동력), 의미 체계(내면의 성향이 강한 성서는 무의식에서 합의되고 있는 의미 체계가 중요하다)의 3박자가 조화를 이루는 게 기본이다. 입체적으로 공부하며 해석학의 큰 틀을 짰다. 지금은 그때에 비해 훨씬 수월하다. 해석학의 큰 틀이 있으니까. 그런데 갑자기 너무 종교 이야기 아닌가?

그러게. 종교 이야기는 많이 안 하려고 했는데 내가 궁금해서 옆길로 샜다. 하지만 역시 궁금하다. 좀더 물어봐야겠다.

Q. 아무리 신학교를 다녔고, 하루에 12시간씩 공부했다고 해도 어떻게 외국어, 그것도 고어인 성서 원전강독의 큰 틀을 짤 수가 있나? 말했다시피 신학만 안다고 되는 게 아니지 않나. 바탕이 될 지식이 훨씬 더 많이 필요할 것 같은데.

대학시절 학교 근처에서 자취를 했는데, 학교는 거의 안 가고 자취방 근처의 청주시립도서관을 다녔다. 특히 24살부터 27살 졸업까지 출퇴근하듯 규칙적으로 도서관의 책을 읽었는데, 그냥 가리지 않고 처음부터 한 권씩 다 읽었다. 나중에 도서관 정보를 보니 전부 14만 권이더라.

Q. 잠깐. 청주시립도서관의 소장도서가 14만 권인데, 그 14만 권을 모조리 싹 다 읽었다는 말인가?

맞다. 위에서 아래로, 왼쪽에서 오른쪽으로 내가 정한 순서가 있었다. 그 기준대로 한 권도 안 빼고 다 읽었다. 전화번호부도 읽었다. 그때 흡수된 감각이 지금도 이어지는 것 같다. 성서 원전강독에도 당연히 큰 바탕이 됐고.

오, 진짜 미친, 아니 정말 대단하십니다. 박수! 짝짝짝. 시립도서관 클리어로 엄청난 지식 획득 인정합니다.

Q. 잠깐. 당신은 속독을 한다고 들었다. 나 같은 일반인과는 다른 능력자라 가능한 것 아닌가.

아니다. 학창시절에는 난독증이었다. 책 자체를 잘 안 읽었고, 중학교 때 전교 꼴찌를 한 적도 있다. 초반에는 책 한 권 보는 데 5일 걸린 적도 있었다. 계속 읽다 보니까 겹치는 책이 많다는 것을 알았다. 내용을 통째로 베낀 책도 있었다. 그러다 보니 책장을 빨리 넘기게 되고 1년쯤 지나면서 자연스럽게 X자 속독을 하게 됐다.

Q. 인간승리? 어쨌든 능력자는 맞는 것 같다. 24살부터 27살이면 4년인데, 매일 도서관에서 책만 보기 지루하고 읽기 싫었던 적은 없었나?

그런 적은 없었다. 그러니까 계속 가서 매일 책을 보지 않았나 싶다.

Q. 그럼 그게 너무 재미있어서?

이게 묘한 게, 재미있다는 생각도 안 들더라.

Q. 어떻게 4년을 한결같이 그럴 수가 있나?

내 마음이 이끌었던 것 같다. 누가 시킨 것도 아닌데 저절로 발길이 움직였다. 요즘 책을 거의 안 읽는데도 언어에 대한 감이 떨어지지 않는 이유가 그때 익혔던 책에 대한 감각이나 단어가 남아 있어서가 아닌가 싶다. 자랑 같아서 부끄럽지만 작가라는 직업에 도달하는 과정을 설명하다 보니….

*아, 맞다. 나 지금 참을까 때려치울까 직업 인터뷰하고 있지. 기인열
전인 줄 알았다.*

Q. 글은 언제부터 썼나?

글은 항상 썼다. 10대 시절에도 책은 안 읽었지만 글은 계
속 썼었다. 중고등학교 때 친구들을 주인공으로 소설을 써주
기도 했다. 그래서 말인데 지금 막장의 원조가 나라고 감히
말할 수 있다. 친구들을 주인공으로 출생의 비밀, 재벌 2세
이런 이야기를 썼는데 아이들이 정말 푹 빠지면서 좋아하더
라. 재미있으면 빵 사주고, 라면도 사주고.

**Q. 소설 써주는 친구라니 진짜 특이하다. 뭐든 꾸준히 한다는 게
참 어려운 일인데, 글쓰기에 그 어려움을 넘어서는 특별한 매력이
있었나?**

나에게 글쓰기는 정신적 마스터베이션이다. 정신적 욕망을
혼자 글을 쓰면서 많이 해소했다. 고등학교 때 친구들에게 써
줬던 소설 이후로 타인에게 내 글을 보여주고 싶다는 기대는
없었다. 내가 읽고 내가 만족감을 느끼고…. 그게 그냥 좋았

07. 14번의 퇴사, 무소득 6년이 찾아준 진짜 나의 일 — 소설가, 목사, 드라마 작가 주원규

157

던 것 같다. 지금도 그게 좋고.

Q. 그럼 소설가나 드라마 작가를 꿈꾼 적은 없나?

업으로서 작가를 꿈꾼 적은 없다. 글쓰기는 조금 전에 말한 것처럼 내면과 정신 활동의 과정을 구조화한다는 게 좋아 계속해왔고, 소설가 등단은 다분히 현실적인 선택이었다. 카드 빚을 갚으려 광주일보문학상에 응모했는데 당선됐고, 한겨레문학상은 목사라는 굶어 죽기 딱 좋은 일을 시작하면서 상금 타려고 응모해서 당선된 것이다. 그렇게 작가가 됐다.

어쩐지 부럽다 못해 기분이 썩 좋지 아니했다. '부러우면 너도 시릲도 서라 하나 클리어 하든지?'라고 스스로에게 말하니 마음이 바로 진정됐다.

Q. 집필한 소설을 보면 유혈이 낭자하고, 신체가 동서남북에서 발견되며, 내장기관이 분리되는 하드한 내용이 많다. 취향인가?

예전에 성·정치 영화와 소설에 빠진 적이 있다. 그 영향으로 성애를 소재로 소설을 많이 썼는데, 등단하고 나서 그쪽으로 계속 가면 포르노 작가가 될 것 같아 장르를 좀 바꿔보기로 했다. 블랙 느와르를 좋아하는 내가 풋풋한 멜로나 계몽소설을 쓸 수는 없으니 자연스럽게 하드 고어나 스릴러를 쓰게 된 것 같다.

하긴 작가 기조라는 게 있지. 사지절단, 내장발실이 난무하는 스릴러를 쓰던 분이 갑자기 훗훗한 멜로를 쓰면 안 설렐 것 같다.

Q. 힐링 글쓰기 수업을 하고 있다. 힐링이 되는 작품 속 주인공과 실제 나와의 관계가 궁금하다. 예를 들면 나와 같은 생각을 가진 주인공이 상황을 밀고 나가는 내용의 작품을 쓰는 편인지, 아니면 이런 생각을 하게 만든 상황을 묘사해 내 생각의 정당성을 뒷받침 하는 편인지?

내 경우로는 전자다. 나와 같은 생각을 가진 인물의 상황을 썼을 때 마음이 치유되는 느낌을 받는다. 구상하는 세계를 소설을 통해 밀고 간다는 게 추상적으로 느껴질 수도 있지만, 내 안의 세계가 정리되는 것은 분명하다. 내면의 가려진 부분이 드러나니 낮은 자존감, 열등감, 타인과의 비교 등 이런 고리들이 끊어지더라. 그래서 힐링이 된다고 확실히 말할 수 있다.

Q. 들을수록 글쓰기는 자기 확신의 과정이기도 하고, 내면의 구조화 과정이기도 한 것 같다

그렇다. 자기 내면의 지도가 구축되니까 관계로 인해 침범

당하지 않는 자기 세계의 존재에 안정감이 생기고 그로 인해
생기는 힘이 상당하다고 느낀다.

**Q. '자각'에 그런 힘이 있는 것 같다. 최근 공감이라는 키워드가
유행이고, 공감은 곧 힐링이라는 인식도 있는데, 공감도 결국 자
각에 이르는 과정이라고 생각한다. 글쓰기를 통해서 결국 깨달은
것은 나의 내면이라는 것을 봐도 그렇다.**

맞다. 나라는 존재와의 만남은 그 자체로 힘이 있다. 글을
읽는 것과는 또 다르다. 나는 원래 유리멘탈, 우울, 강박, 낮
은 자존감을 가진 사람이다. 내면의 구조화가 필요했는데, 글
쓰기를 통해 계속 나와 만나며 외적 요건과 관계없이 행복할
수 있는 동력을 얻은 것 같다. 나만이 아니라 다른 많은 사람
들에게 다 필요하다고 느낀다.

어? 내가 바라는 게 그건데! 내가 지금 직업의 세계 인터뷰하고 편집
하면서 독자들이 보고 깨달았으면 좋겠다고 생각하는 그거! 진짜 나를
만나고 외적 요건과 관계없이 행복할 수 있는 동력을 얻는 거다.

**Q. 작품들을 보면 거의 해피엔딩이 아니다. 잔인하거나 무섭거나
불편한 상태로 끝나는 게 많다. 습작들도 그랬을 것 같은데, 그런
데도 힐링이 되나?**

습작은 더 심했다. 비극이기 때문에 기회가 있는 것 같다. 희극은 그냥 타의적 동화가 되는 데 반해, 비극은 자연스럽게 자발적 거리 두기가 가능하다. 한국의 신파적 비극(영화 〈7번 방의 선물〉 같은) 말고 객관적 · 관조적의 드라이한 비극을 추구한다. 나를 객관화시키는 데 아주 효과적이다.

Q. 하긴 '그래서 잘 먹고 잘 살았대요'로 마침표 딱 찍고 끝나면 더 이상 생각할 기회가 없긴 하다.

그렇다. 신파적 비극도 그런 희망을 만들어보려다가 좌절된 슬픔을 유발하는 구조이기 때문에 언젠가는 그것을 다시 극복해야 한다는 인식이 스며들어 있다. 그런 비극은 희극의 다른 이름이다. 그래서 건조한 비극이 필요하다고 생각한다.

와우! 그거야말로 대다수가 정말 싫어하는 모호하고 찝찝한 결말 아닌가. 유익하지만 대중성은 없을 것 같아서 씁쓸하다.

Q. 소설가로서 힘든 적은 없었나? 때려치우고 싶을 때나.

내 특징인데, '곤조'가 없는 편이다. 갈등이 아예 없는 건 아니지만, 그게 그렇게 크게 다가오지는 않는다. 작가와 출판사 사이에 생기는 갈등이라는 게 보통 원고 수정, 편집, 홍보에 대한 생각 차이인데, 나는 애초에 원고를 '내 새끼'라고 생각하지 않아서, 손대도 자존심 상한다는 느낌이 없다. 그냥 송두리째 고쳐도 된다. 나보고 수정하라면 귀찮지만. 출간 시기가 미뤄져서 두 책이 동시에 나오면 작가에게 마이너스가 되기 때문에 좀 짜증이 나긴 한다. 두 번 정도 그랬다.

Q. 직장 14번을 때려치운 사람 맞나? 너무 다르다. 조금 전 말한 글쓰기의 효과 덕분인가? 내면의 구조화로 인해 침범당하지 않는 자기 세계 구축?

전기기사, 전기감리사와 소설가는 구조 자체가 다른 일이다. 직장생활은 나와 잘 안 맞았지만, 소설가라는 직업은 잘 맞다. 말한 것처럼 내 세계가 견고해지면서 외부의 영향으로 스트레스받는 정도와 횟수가 확연히 줄어든 것도 맞다.

Q. 2017년 tvN 드라마 <아르곤>으로 극본까지 쓰기 시작했다. 지금은 본인의 소설을 원작으로 한 드라마 <모두의 거짓말로>를 극본 작업 중인데, 소설과 드라마 극본의 세계는 어떻게 다른가?

장단점이 있는 것 같다. 소설은 생각할 수 있는 틈을 주는 작업인데, 반면에 드라마는 정해진 퀄리티, 분량을 정해진 시간 내에 뽑아내야 한다는 원칙이 있다. 그래서 계속 말했던 내면의 구조화는 소설보다 아쉽다. 반면 드라마는 인생의 갈등, 변곡 같은 것들이 회마다 전개되니까 극적 변주에 대한 매력이 있다. 작가로서의 영역이 넓어지면서 다양한 분야의 일을 접하고 사람을 만나게 된다는 것도 좋은 점이다.

Q. 인지도가 점점 상승할수록 사람들이 더 호감을 갖고 다가오지 않나?

그런 면도 있다. 내 이너히스토리는 똑같은데 책을 내고 나니 '저 사람 뭐가 있는 사람인가 보다' 이런 시선이 생겼다. 목회자 사회에서도 그런 면이 있는데, 똑같이 토론하고 연구해도 전도사 때나 신학대학교를 나오지 않았을 때와 석박사일 때의 시선이 다르더라. 어쩔 수 없는 부분이긴 하지만 쓸쓸할 때가 많다.

Q. 외적 조건을 보고 다가오는 사람들이 이뻐 보이지는 않았겠다.

다 그렇지 않을까? 그런 경우가 생각보다 많아서 관계의 얕음이 느껴지기도 한다. 꼭 나쁘다는 건 아니고 '아, 사람의 관계는 정말 얕구나'라는 깨달음? 이건 그냥 인정하고 수용해야 한다고 생각한다.

Q. 드라마 작가로서는 때려치우고 싶었던 적은 없었나? 들리는 소문으로 지금 두 번째 같이 작업하고 있는 이윤정 감독이 엄청 꼼꼼한 완벽주의로 유명하다던데.

이윤정 감독은 정말 꼼꼼하시다. 다른 감독님과의 작업과 비해 시간과 노력이 압도적으로 많이 소요된다. 〈아르곤〉 작업할 때 솔직히 때려치우고 싶은 적도 있었다. 그래도 그 스타일에 대한 책임감이 있는 분이라 인정한다. 무리한 갑질이 아니라, 같이 고민하고 같이 찾아가는 현실성이 뒷받침되니까. 그때 말고는 때려치우고 싶다는 생각이 든 적은 없다.

Q. 드디어 마지막 질문! 참는 사람과 때려치운 사람 중 지금 어느 쪽이라고 생각하나.

음, 지금은 참는 사람이다. 이미 계약을 했기 때문에 때려치우면 안 된다. 인터뷰를 많이 해봤지만, 이렇게 예고 없는 즉흥적인 진행은 처음이다. 덕분에 필터 없이 나에 대해 다시 돌아보게 됐다. 지금은 참는 사람이지만, 지금이 있기까지 14번을 때려치웠고 백수 생활을 6년이나 했다는 것을 강조하고 싶다. 진짜 내 자리를 찾았기 때문에 드디어 참을 수 있게 됐다는 사실 말이다.

❖ ❖ ❖

인터뷰 전에는 멋있는 그의 직업과 능력이 부러웠고, 인터뷰를 마친 지금은 그가 발견한 자신의 세계가 주는 정신적 풍요가 부럽다. 이제 막 멤버십 카드 만들어 포인트 좀 쌓아볼까 투지를 불태우는 중에 VIP 멤버가 90도 인사를 받으며 내 눈앞을 삭 지나간 느낌이지만, 그래도 다행이다.

그는 글쓰기로 인해 자신의 내면을 보다 분명히 자각하고, 그렇게 계속된 나 자신과의 만남을 통해 외적 요건과 관계없이 행복할 수 있는 동력을 얻었다고 한다. 바로 이거다. 내가 지금 이 글을 통해 당신과 함께 이루고 싶은 것! 아무래도 그는 내가 여기서 그렇게도 목 놓아 부르짖고 있는 '나'와의 만남으로 인한 수혜를 톡톡히 보고 있는 사람인 듯하다.

직장을 14번 때려치운 30살의 남자가 소득 없이 6년의 시간을 보냈다. 누군가는 저거 언제 철드냐고, 사람 구실 못한다고 타박했을지도 모를 그 시간을 통해서 지금 '진짜 나의 일'을 만나게 됐다고 한다.

우리는 다 다르니까 아마도 그와는 다른 길을 통해 나의 세계를 발견하겠지만, '나'와의 만남으로 나의 세계를 자각해가고, 그렇게 견고해진 나의 세계가 주는 안정감으로 더 이상 외부로 인해 요동하지 않는다는 원리는 같지 않을까?

그때의 우리에게 직업이란 지금처럼 정글 같은 사회에서 먹고살려고 악으로 깡으로 버티는 수단이 아니라 나의 세계가 열리고 펼치는 흐름에 몸을 맡겼을 때 얻는 보너스가 될 텐데…. 참으려고 몸부림치지 않아도 그냥 껄껄 웃으며 참을 수 있는 체험 삶의 현장 말이다.

대기업에 취업한 친척 동생, 20대에 벌써 억대 연봉이라는 아빠 친구 아들, 10대엔 이거, 20대엔 저거 하지 않으면 큰일 난다는 누군가의 말에 무심한 듯 시크한 척 했지만 속으로 내 인생 어떻게 되나 불안에 떨었던 적 있지 않은가? 우리가 이제껏 나눈 이야기들이 외부의 타인에게 향하던 내 시선과 관심을 나의 내면으로 돌리고 그 내면을 경청하고 존중하는 데 조금 도움이 되길 바란다.

모든 인터뷰를 마치며

혹시 다음 같은 말을 들어본 적 있나?

"원래 좀 놀아봤던 사람이 결혼하면 더 잘 사는 거야. 이미 놀 만큼 놀아봤으니까 아쉬움이 없거든."

"이 사람, 저 사람 많이 만나본 사람이 나중에 진짜 좋은 사람 골라서 결혼 잘하더라."

나는 제대로 놀아보지도 못했고, 이 사람 저 사람 많이 만나보지도 못한지라 나를 보면 그렇게들 안타까운지, 진짜 귀에 딱지가 앉도록 엄청 많이 들었다. 사실 나도 안타깝다. 어차피 공부도 안 할 거, 좀 놀아보기라도 할걸. 길바닥에서 담배 꼬나물고 육두문자도 써보고, 친구끼리 다정하게 패싸움도 해보고 오토바이 앞바퀴 들고 타봤어야 하는데…. 어차피 이 나이 되도록 노처녀로 그냥 이렇게 늙어갈 거, 이 남자, 저 남자, 요 남자 많이 만나서 문란하게 막 야옹야옹도 해볼걸!

결혼에 대해서는 이렇게 쿨하고 합리적이면서 왜 유독 업에 대해서는 이토록 보수적인지, 왜 아직도 대쪽 같은 절개를 최고로 평가하는지 모르겠다. 우리는 매 순간 선택의 기로에 서고, 매 순간의 선택은 내 남은 삶의 청사진을 점차 선명하게 그려나간다.

당연히 BEST를 선택하고 싶다. 그렇다면 그 선택의 기준은 무엇인가.

　21C 헬조선에서는 역시 안정일까? 영원불변의 기준인 부와 명예일까? 그래. 나도 안정, 부, 명예 다 좋아한다. 하지만 그중에 하나를 선택하기보다는 선택의 기준 자체가 '진짜 나'였으면 좋겠다. 인기척도 없이 우리를 덮어버린 무가치한 기준들을 거둬낸 후에 비로소 만날 '진짜 나' 말이다. 혹시 내 머릿속의 지우개가 앞의 내용을 다 지워버렸다면, 다음의 한 문단이라도 깊이 생각하며 읽어주길 바란다. 이 책값이 아깝지 않을 수 있는 마지막 기회다.

　내가 넘볼 수 있는 몇 가지 직업, 직장 중에 하나를 선택하고, 그 안에서 인정받기 위해 노력하는 것도 나쁘지 않다. 하지만 나는 그보다 더 좋은 길을 당신과 함께 가고 싶다. 다수의 기준으로 재단되고 덮여 가려진 내가 그 조용한 소란을 겪기 전의 '진짜 나'를 만날수록 내가 할 수 있는 것, 좋아하는 것, 즐기는 것, 이미 숨 쉬듯 하고 있었지만 스스로 깨닫지 못했던 그 무엇도 점점 선명해진다. 비로소 만난 '진짜 나'의 시선이 세상을 향했을 때 우리가 업으로 삼을 수 있는 일들은 자연스럽게 수면 위로 떠오를 것이다. 그중 하나에 올인하든, 두세 가지로 저글링하든 그건 당신 뜻에 달렸다.

타인의 삶과 선택을 나누는 것이 어떻게 '진짜 나'와의 조우를 불러일으킬 수 있을까? 분명한 확신으로 시작했지만, 글을 쓰는 동안에도 내내 나에게 되물었다. 어쩌면 이 책은 그 확신에 이르는 과정의 파편일지도 모르겠다. 책 한 권으로 눈앞에 나타난 이 파편의 본뜻과 과정이 진실하다면, 우리가 함께 진짜 나를 찾아가는데 분명 도움이 될 거라 기대한다.

주사위는 던져졌다. 이 책을 선택한 사람이라면, 적어도 고민은 하고 있다는 것 아닌가? 그냥 저냥 덮어놓고 이게 최고려니 할 수 없는, 세상 살기 조금 불편한 정신의 소유자들이 아닌가? 반갑다. 앞으로 갈 길이 창창한데 동지가 있어서 다행이다. 함께 헤쳐나가자.

08

어쩌다
심리치료사, 작가

×

"내가 진짜 행복한 일이
무엇인지 생각해보세요."

#원래_자타공인_프로_포기러
#하고_싶은_일_꼭_참기도_포기
#사람_마음이_너무_궁금해서_참을_수_없음
#하지만_당장_돈은_안_됨
#그렇다고_쫄지_마_돈은_다른_걸로_벌지_뭐

권순영 심리치료사, 웹소설 작가

6~7년간 무역회사에서 직장생활을 하다가 상담전공의 대학에 편입을 하면서 심리치료사의 길에 들어섰다. 현재 아동 심리치료 전공 석사 졸업을 앞두고 있으며 심리치료와 함께 웹소설 작가로 활동 중이다.

왜 때려치웠나?

남들이 좋다는 일 말고 내가 좋아하는 일을 해야 죽을힘을 다해 노력도 할 수 있고, 성공도 할 수 있다고 생각한다.

왜 참았나?

일 자체가 나의 정체성이고, 자기계발의 장이 되고 나니, 이 일을 유지하기 위해 참아야 할 어려움이 성장의 발판으로 바뀌었다. 참고 말고 할 게 없어졌다.

이렇게 행복하다니
때려치우길 잘했다

심리치료사, 작가
권순영

이번에 만날 인터뷰 주인공은 심리치료사 그리고 웹소설 작가다. 그렇다. 바로 나, 권순영이 이번 인터뷰 주인공이다. 갑자기 나타나 다양한 직종의 타인을 인터뷰하고 인생사를 전하며 자기 자신을 알아가라고 주장하는 이 여자. 그녀의 직업은 그녀의 생각과 어떻게 연결되어 있을까. 셀프 인터뷰라니 살짝 부끄럽지만 그래도 심리치료사와 웹소설 작가는 많은 사람이 관심 있어 하는 핫한 직업이니만큼 심호흡 한 번하고 재미있게 담아보겠다.

Q. 먼저 자기 직업 소개부터 시작해보자.

심리상담과 아동 놀이치료를 하며 웹소설과 이런저런 글을 쓰고 있다. 정체가 조금 모호해서 한마디로 정의하기 어려워 나를 소개하는 문장을 만들었다.

"안녕하세요. 글 쓰는 심리치료사 권순영입니다."

Q. 전공을 묻지 않을 수가 없다. '글 쓰는' 쪽인지, '심리치료사' 쪽인지?

20살에 입학한 대학의 전공은 식품영양학이었고, 그 후에 편입한 대학의 전공은 상담이었다. 지금은 아동심리치료학과 석사 과정 중인데 너무 힘들… 아, 아니. 대학원 졸업이 얼마 안 남았다.

Q. 전공은 '심리치료사' 쪽인 것 같은데, 뜬금없는 식품영양학과는 무엇인가?

그때는 한국장학재단도 생기기 한참 이전이었다. 그 시절 대학등록금 납부는 현금으로 그것도 지정된 은행에 가서 내야 했는데, 우리 부모님은 금수저가 아니었던지라 오빠와 나의 대학등록금을 동시에 마련하시기는 힘든 상황이었다. 그래서 마침 공부도 못했던 나를 1, 2년이라도 빨리 졸업시킬 수 있게 취업이 잘되는 학과의 전문대로 보내고 싶어 하셨다. 사실 나는 수도권 변두리 대학이라도 4년대 문과에 가고 싶었는데, 이름도 없는 문과 대학 나와서 뭐해 먹고살 거냐는 부모님 말씀에 더 이상 반박할 수 없었다. 소심한 복수로 부모님이 원하시는 방사선과나 물리치료과는 죽어도 안 간다고 반항하다 합의를 본 게 식품영양학과였다.

Q. 그때 뜻대로 선택하지 못한 미련에 지금까지 계속 공부하는 건가?

못 다한 공부에 대한 미련인지 지적 허영심인지 잘 모르겠다. 그때 심리학까지는 아니어도 어느 정도 적성에 맞는 전공을 선택해 그쪽으로 계속 일했다면, 그냥저냥 만족하고 살았을 가능성도 있다. 음…, 그래도 결국엔 심리 쪽으로 왔을 것 같긴 하다. 은퇴하고서라도.

Q. 지금까지의 직업 및 직장 유랑기를 간단하게 풀어 달라.

중소기업 사무직(무역회사 회계팀)으로 여러 회사를 전전했다. 이후 초등학교 방과 후 컴퓨터 교실 강사를 하며 상담심리 대학에 편입했고 졸업 후 교직원이 되었다. 교직원과 파트 심리상담사를 겸임하다 퇴사하고 본격 심리상담사가 되었다.

아동심리 치료 석사를 하며 심리상담사 및 아동 놀이치료사가 되었다. 현재 심리상담사, 아동 놀이치료사, 웹소설 작가다. 중간에 틈틈이 두세 달 정도 아르바이트한 적도 있다. 간단하게 쓰려고 최선을 다했는데도 복잡하네.

Q. 이미 심리상담사로 일하고 있었는데 아동심리 치료 공부는 왜 시작했나?

"한 번에 망하고 싶으면 사업을 하고 천천히 망하고 싶으면 상담공부를 해라"라는 말이 있을 정도로 이 분야는 끝없는 공부와 투자를 해야 한다. 심리치료사를 선택한 이상 공부는 네버 엔딩이지만 나도 내가 아동심리를 선택할 줄은 정말 몰랐다. 절대 안 할 거라고 생각한 적도 있는데, 결국 인간을 근본적으로 이해하기 위해서는 생애 초기, 즉 영유아 시절을 다루지 않으면 안 되겠다는 생각을 하게 됐다. 지금 돌이켜보면 탁월한 선택이었다고 생각한다.

Q. 심리치료사의 전망은 어떤가? 몇 년 전부터 힐링이 유행인데, 전 국민이 다 환자인 시대인 만큼 부와 명예가 달려오고 있나?

잠깐, 나 한숨 한 번만 쉬고. 하아…, 심리치료도 종류가 많은데 그중에 그래도 수요가 좀 있는 층은 아동이다. 하지만 이미 치료사가 많아 그 시장도 포화상태다. 그 외 청소년, 성인 쪽은 상담만으로 밥 먹고 살기 쉽지 않은 게 현실이다. 힐링이 유행이고 전 국민이 다 아픈 건 맞지만, 그 치유의 방법으로 심리치료실을 찾는 사람은 드물다. 그러니 제발 전망이 밝다는 착각으로 이쪽에 발 들이는 일은 없길 바란다.

Q. 헐…. 그 안타까운 사실은 언제 알았나?

학부 시작하고 얼마 안 돼서니까 10년쯤 된 것 같다. 더불어 하나 더 말하자면, 그때나 지금이나 상담료는 똑같다. 최저 임금이 몇 배가 오르는 동안 상담료는 동결이다. 아마 앞으로도 오래도록 그럴 것 같다.

Q. 상황이 좋지 않다는 것을 다 알면서 왜 교직원이라는 안정적인 직장을 때려치웠나?

이미 숱하게 많은 퇴사를 반복하며 자타공인 '프로 포기러'로 인정받았을 때였는데, 이때는 정말 걱정도 욕도 많이 먹었다. 퇴사를 결심하게 된 데에는 직장 내 상황, 건강 등 복합적인 요인이 있었는데 결정적인 이유는 역시 내 마음이었다. '남들 말고, 내가 좋아하는 일을 해야 죽을힘을 다해 노력할 수 있고, 성공할 수 있겠다'는 마음.

Q. 후회한 적은 없나?

후회라기보다는 가끔 생각날 때가 있다. 그때 나를 학교로 불러주신 분이 지금은 퇴임하신 당시 총장님이셨는데, 그 총장님을 모시는 비서로 일했을 때가 가끔 그립다. 세상의 모든 비서는 모시는 보스가 어떠한지에 따라 업무 만족도가 달라지는데, 총장님은 정말 선비 같은 분이셔서 배울 점이 많았다. 존경하는 마음 그대로 즐겁게 일할 수 있었다. 요즘처럼 너무 바빠 지칠 때 '그때가 좋긴 좋았지'라는 생각이 들 때도 있는데, 또 그때와 지금을 비교해보면 결국 지금이 좋다는 결론이 난다. 그래서 다시 움직일 힘을 얻는다.

Q. 심리치료사를 왜 그렇게 하려고 하는지 모르겠다.

수익 면만 보면 심리치료사는 정말 꽝이다. 절대 해서는 안 되는 일이다. 치료사 중에는 누군가를 돕고 싶다는 마음으로 시작한 착한 사람도 많은데 나는 그런 숭고한 홍익인간 정신은 없다. 아마 누군가 돕고 싶다는 마음으로 이 일을 시작했다면 내 성격상 진작 때려치웠을 것 같다. 나는 그냥 궁금하다. 저 행동 혹은 생각이 왜 나왔는지, 그 사람의 마음 안에 무엇이 있는지, 마음 안에 있는 그 무엇은 언제 어떻게 왜 생겨난 것인지, 그 무엇으로 인해 또 어떤 생각과 행동들이 연쇄적으로 일어나는지, 그 무엇으로 인해 힘들지 않으려면 무엇을 어떻게 해야 하는지…. 돈은 뭐, 다른 걸로 버는 거지.

들인 품에 비해 수익이 꽝인 이 일을 왜 하냐고 물으면 "그냥, 하고 싶어서"라고 대답할 수밖에 없다. 세상에서 제일 무서운 답이 '그냥' 아닌가. 내가 그렇게 무서운 여자다.

Q. 직장생활 시절로 가보자. 직장생활을 주로 무역회사 회계팀에서 했다고 했다. 그때 어땠나? 잘 맞는 부분과 안 맞는 부분은?

잘 맞는 부분 0%, 안 맞는 부분 100%였다. 반항하느라 20살 때부터 학교는 잘 안 가고 알바에 충실했었다. 그때 카페, 패스트푸드점, 콜센터 등 다양한 알바를 하다가 사무실 알바가 편하고 페이도 좋다는 사실을 깨닫고 본의 아니게 사무직 경력을 쌓으며 관련 자격증을 딴 게 화근이었다. 회계란 애초에 내가 잘할 수 있는 일이 아니었다. 어쩌다 보니 무역회사를 많이 다녔는데 중국 A사에 보내야 하는 돈을 미국 B사로 보낸 적도 있었다. 해외송금이라 다시 돌려받기까지 2주가 걸렸다. 오가는 수수료를 빼니 원금이 반 토막 나 돌아오더라. 그뿐이 아니다. '회계의 꽃'이 무엇인 줄 아나? 결산이다. 나한테는 그냥 스트레스의 꽃이다. 회계팀에 결산은 정말 중요한 업무인데, 담당자인 내가 그 신고를 잘못해서 정정 신고하고 과태료를 낸 적도 있다. 상황이 이렇다 보니 그 일을 하는 내내 평일이고 휴일이고 할 것 없이, 심지어 퇴사 후에도 내가 뭔가 실수를 하지는 않았을까 항상 불안하고 걱정됐다.

혹시 이전 직장 관계자분이 이 글을 보고 계신다면, 죄송합니다. 그냥 무조건 다 죄송합니다.

Q. 그렇게 안 맞는 일을 어떻게 6~7년을 했나?

그러게. 지금 생각하니까 대견하다, 그때의 나. 그때는 그것 말고 할 수 있는 게 1도 없는 주제에 그 하나조차 이리도 못 하다니 나는 원래 바보천치구나 생각하며 그저 받아들였던 것 같다. 그때도 심리치료사가 되고 싶다는 바람은 있었지만, '전문대 나와서 내가 어떻게…' '지금 시작하기엔 너무 늦었겠지' 하고 생각했다. 지금 생각으로는 지구정복도 할 수 있는 20대였는데.

Q. 그런데 결국 심리치료사가 됐다. 어떻게 된 상황인가?

무역회사 회계팀을 전전하다가 급여는 좀 적어도 마음 편한 일을 하고 싶다는 생각이 들었을 때 지인이 방과 후 컴퓨터 교실 강사를 추천했다. 그래서 시작했는데 아이들을 대면하는 일이라 그런지 확실히 마음의 여유가 생기더라. 직장생활 때는 눈에 보이지도 않던 많은 것이 보였는데 그중 하나가 상담학과로의 편입이었다. 그때도 일과 공부를 병행하느라 피곤했지만, 피곤쯤 가뿐히 뛰어넘을 정도로 정말 너무 행복했다. 내가 그토록 원하던 상담공부를 대학에서 하고 있다니, 하루하루가 꿈만 같았다. 하고 싶어서 하는 공부는 처음이라 홍삼을 먹어가며 열심히 공부했고, 편입한 첫 학기에 학과 수석을 했다. 내 평생 첫 1등이었다.

Q. 오우, 첫 1등! 짝짝짝. 축하한다.

대학이란 비슷한 성적의 학생들끼리 모인 조직이니 열심히만 하면 학과 수석쯤이야 누구나 할 수 있다. 축하받을 정도로 대단한 성과는 아니지만, 나에게는 의미가 큰 사건이었다. 앞서 말했듯 나는 스스로를 잘하는 게 하나도 없는 멍텅구리라고 생각하고 있었다. 중요한 건, 내가 나 스스로를 그렇게 규정 지었다는 것을 이전에는 몰랐다는 사실이다. 내 평생 처음으로 진정 공부하고 싶은 분야를 찾아 열심히 노력했고 1등이라는 결과를 받고 나서 나를 에워쌌던 세계 하나가 벗겨져 나갔다. 그때서야 그동안 나 스스로 노력할 줄 모르는 멍청이라고 규정 지었다는 것, 손을 뻗으면 다른 세계가 펼쳐지는데, 내 팔 끝에 달린 이게 손인지도 몰랐다는 것을 알게 되었다.

Q. 뭔 소린가. 자세히 좀 말해 달라.

"나는 나를 안다"라고 했을 때 내가 아는 '나'가 진짜 참트루 '나'라고 생각하나? 아니다. 내가 아는 건 '내가 생각하는 나'다. 다들 생각 많이 해봐서 알겠지만, 생각이 곧 참트루는 아니다. 확대, 과장, 축소, 오해 등 곡해가 존재한다. 우리는 우리 스스로를 바로 볼 수 없는 많은 생각의 세계 속에 살고 있는데, 그 세계에서 탈출하기 전까지는 진실과 거짓을 구분하기가 어렵다. 1등 한 번 해보고 자신감을 가졌다는 말과는 다르다. 나는 그때 나를 규정하는 생각의 세계 하나가 떨어져 나가는 경험을 처음 하면서 이런 게 꽤 많음을 알게 되었다.

Q. 심리치료사 해보니까 어떤가? 수입이 적다는 것 말고 다른 단점은 없나?

아까 수익이 꽝이라고 말하지 않았나. 수입이 적은 것만을 말한 게 아니라 돈 쓸 일은 끝이 없다는 점도 포함한 말이었다. 직장 다닐 때는 업무를 잘하기 위해서 내 사비를 쓰는 일은 거의 없었는데 심리치료사는 다르다. 자격을 위해 필수적으로 해야 할 과정도 상당하지만, 그 외에도 하나를 알면 스스로 두 개가 궁금해지기 때문에 누가 시키지 않아도 계속 돈을 내고 교육받고, 연구를 계속하게 된다. 사정이 이렇다 보니 직장 다닐 때보다 훨씬 바쁘고, 뭔가 많이 하고 있는데 통장 잔고는 항상 가뭄이다.

Q. 아무 이유 없이 밑 빠진 독에 물 붓지는 않을 텐데. 단점을 뛰어넘는 장점은 무엇인가?

단점은 수익이 꽝이라는 거 하나다. 그 하나를 뺀 모든 면에서 다 좋다. 이전과 비교할 수 없이 행복하다. 직장생활은 그저 돈을 벌기 위해 하루하루 버티기 급급했지만, 지금은 일과 특기와 흥미가 한데 어우러져 있다고 해야 하나? 그 자체가 내 정체성이기도, 자기계발이기도 하다. 직장생활은 남의 일이었다. 잘하든 못하든 남의 것에 상관이 있을 뿐 나와는 상관이 없었지만, 지금은 다르다. 돈이든, 명예든 내가 나를 만든다. 심리치료사는 어떻게 보면 기술자라고 생각한다. 장인은 하루아침에 만들어지는 게 아니니까 평생 단련해서 결국엔 명장이 되고 싶다.

Q. 그래도 직업인데…, 돈이 안 되는데 어떻게 사나?

10년쯤 더 하면 심리 치료만으로도 생활이 가능하지 않을까 기대하고 있다. 그때쯤 되면 그만큼의 경험과 지식으로 배움에 투자하는 시간과 돈이 좀 줄어들 테니까. 그때까지는 이것저것 하면서 죽어라 버텨야 한다. 나중에 진짜 명장이 된다면 그때는 시간에 자유롭게 돈도 많이 벌 수 있겠지. 그때 큰 부자가 되리라 야망을 불태우며 버티는 중이다.

Q. 그럼 뜬금없는 웹소설 작가는 돈을 벌기 위해 하는 건가?

시작의 이유는 그랬다. 웹소설 작가가 잘 번다는 소식을 듣고 처음엔 오로지 돈을 벌기 위해 시작했는데, 하다 보니 나를 더 깊이 들여다보며 객관화하게 되더라. 사실 전에는 '나를 발견하는 글쓰기' '힐링 글쓰기' 같은 강연이나 수업을 들으면서 약을 참 다채롭게 판다고 생각했는데, 한번 해보고 곧바로 생각을 바꿨다. 이거 진짜 힐링이 된다. 그래서 웹소설로 잘 버는 작가는 소수라는 불편한 사실을 알게 된 지금도 그냥 좋아서 하고 있다. 뭐, 언젠가는 많이 버는 날도 오겠지. 그래도 우선순위로는 심리치료가 먼저라 치료에 밀려 웹소설 작업을 못 할 때면 애가 바짝바짝 탄다. 빨리 쓰고 싶어서.

지금은 나를 발견하는 글쓰기, 힐링 글쓰기 강사님들을 매우매우 존경합니다. 진짜입니다. 믿어주세요.

Q. 그렇게 애태우며 쓰는 그 웹소설이 뭔지 좀 알려 달라. 필명은 뭔가?

안 가르쳐주지.

Q. 왜?

19금이다. 독자 중에 미성년자도 있을 것 아닌가. 만 20세 이상 독자님 중에 정 궁금한 분이 계시면 메일이나 SNS 메시지로 물어봐주길 부탁한다. 득달같이 답장하겠다.

메일   matae01@hanmail.net
인스타   https://www.instagram.com/s.nyoung
블로그   https://blog.naver.com/happinesssn

Q. 이러면서 은근히 SNS 홍보하는 것 같은 건 기분 탓인가?

맞다. 기분 탓이다.

Q. 아하, 그렇구나. 그럼 다음 질문. 글 쓰는 심리치료사가 갑자기 직업 관련 자기계발서는 왜 쓰게 된 건지 궁금하다.

20~30대 내담자 중에 스스로 일어설 에너지가 생기면서 심리상담이 진로상담으로 변하는 경우가 꽤 있었다. 반대로 진로상담으로 시작했는데 내담자가 심리상담의 필요성을 느껴 심리상담으로 바뀐 적도 있고. 그래서 현재 한국의 20~30대 청년들에게는 심리와 진로가 서로 연결되어 있다는 것을 알았다. 심리상담으로 몰랐던 나를 발견하면서 넓어진 시야로 이전에 선택했던 직업, 직장에 대해 진지하게 다시 생각하더라. 예전과 달리 지금은 일에 보람을 느낀다는 경우도 있고, 직장을 바꾸는 경우도 있고, 이전과는 다른 미래의 계획을 세우는 경우도 있다. 직접적인 촉발 원인이 된 상담사례를 부록으로 첨부하겠으니 끝까지 잘 읽어 달라.

Q. 진로상담은 대학 전공 선택할 때 하는 거 아닌가?

대학 선택에 포커스를 맞춘 진로상담도 있지만, 나 같은 경우는 좀 다르다. 내담자가 어떤 사람인지, 어떨 때 행복한지,

이미 잘하고 있으면서 깨닫지 못하고 있는 것은 무엇인지. 이런 부분에 포커스를 두는 편이다. 직업의 종류와 대입 성적 커트라인은 인터넷만 조금 봐도 금방 나오지 않나. 중요한 건 '나 자신'이라고 생각한다. 내담자가 청소년인 경우 부모가 상담을 신청하시는데, 처음부터 어떤 학과나 직업을 말하며 아이가 그걸 좋아하게 해 달라고 하는 경우도 있다. 그럼 나는 상담이 어렵다고 거절한다.

Q. 아, 난감한 상황이다. 그런 요청을 받으면 기분이 어떤가.

처음에는 틀린 생각이라고 확신하고 그냥 단칼에 거절했다. 그런데 많은 상황을 보다 보니 맞고 틀리고를 떠나서 그렇게 요청하는 부모의 마음은 어떨까 먼저 생각하게 되더라. 그들은 그저 자녀에게 최고 좋은 미래를 주려는 것뿐이다. 결국 사랑을 표현하는 건데, 아이와 배우자에게 그 진심을 인정받지 못하는 경우도 많다. 그래서 생긴 외로움이 아이의 교육과 성공에 더욱 집착하게 만들어 악순환을 반복하는 경우도 많고. 요즘엔 왜 그렇게 할 수 없는지 그 이유를 자세히 설명한다.

Q. 직장생활 중에는 실수가 있을까 봐 매일 불안해했다고 했는데, 하고 싶은 일을 하는 지금은 어떤가? 평안한가?

불안함은 내 평생의 동반자다. '선무당이 사람 잡는다' 말고, '사람 죽인다'는 말 들어본 적 있나? 심리치료사들이 항상 새겨야 할 말이다. 마음 아파 온 사람 죽여서 보낼까 봐 항상 불안하다. 진로특강이나 강연을 할 때에는 확언이나 단언은 피하려고 신경 쓴다. 대부분의 사람은 불안한 삶에 확실한 해답을 주는 사람에게 매력을 느끼기 때문에 우울, 낮은 자존감 같은 부정 정서를 넣어 '***에서 탈출하는 방법' 같은 식의 해답을 줄 것 같은 주제를 좋아한다. 이 주제가 나쁜 건 아닌데, "내가 예전에 이랬는데…" 하고 눈물 나는 상황 섞어서 감성팔이 좀 하면서 "이렇게 했더니 지금 좋아졌어요"라고 말하면 핵심 내용이 없어도 그냥 좋다고 믿어버리는 경우가 의외로 많다. 나야말로 감성팔이할 소재가 넘쳐서, 내가 그런 소리할까 봐 불안하다.

심리치료사라는 타이틀로 약 팔까 봐, 내 약 먹은 사람들이 나중에 더 아파질까 봐, 항상 불안하다. 하지만 불안함 자체는 문제가 아니라고 생각한다. 특히 이 불안은 몹시 쓸모 있어서 탈출의 필요성이 느껴지지도 않고.

Q. 경제적 가성비는 꽝이지만, 하고 싶었던 심리치료사가 되어서 행복하다니 어쨌든 축하한다. 그래서 끝내 이루고 싶은 것이 있나?

글 쓰는 심리치료사. 앞으로도 쭉 이렇게 살고 싶다. 물론 모든 면에서 지금보다 훨씬 나아지길 바라기는 한다. 실력이 나날이 일취월장 성장하며 통장 잔고도 토실토실 윤택해졌으면 좋겠지만 지금의 자리에서 더 발전하고 싶은 것이지 자리를 바꾸고 싶은 생각은 없다.

Q. 웹소설 작가로서는 이루고 싶은 것이나 되고 싶은 것은 없나?

음…, 물론 작품 하나 낼 때마다 억 단위로 벌고, 천재 소리 들으면 좋겠지만 그건 판타지고. 관 뚜껑 닫을 때까지 계속 글을 쓸 수 있으면 좋겠다. 글 쓰는 작업 자체가 나에겐 자기발견이니까. 아! 맞다. 웹소설을 쓰며 내가 느낀 해방감을 다른 사람들도 느낄 수 있게 그 원리를 밝혀서 구조화된 매뉴얼을 개발하고 싶다는 생각은 있다. '소설 쓰기 치료' 이런 거. 좀더 있어 보이는 명칭을 생각해봐야겠다.

Q. 드디어 공식 질문이다. 당신은 지금 참는 사람인가 때려치운 사람인가?

지금 탕진잼을 비롯한 많은 욕구를 참고 있지만, 그래도 나는 때려치운 사람 쪽인 것 같다. 평생을 능력 없는 직장인으로 살다가 갈 줄 알았던 내가 하고 싶은 일, 재미있는 일을 하며 살고 있다니. 내가 어쩌다 이렇게(?) 됐는지, 가끔 혼자 생각하며 신기해할 때도 있다. 요즘 같은 시대에 어쩌려고 그러느냐, 개념 없다, 분명 후회할 거라는 소리 참 많이 들었지만 때려치우길 정말 잘했다. 이렇게 밝고 행복한 세상이 있는데 그때 그 세계가 전부인 줄 알고 평생 살았다면… 아우, 정말.

Q. 행복해 보여서 좋다. 마지막으로 독자들이 이 책을 통해 무엇을 얻길 바라는지 말해 달라.

직업을 선택하고 그 일을 평생 해내야 할 사람은 다름 아닌 나 자신이다. 여기서 기준이 될 '나 자신'을 선명하게 볼수록 나에게 잘 맞는 일을 선택할 수 있고 더 나아가 행복하게 살 수 있다. 이 책에 소개된 타인의 삶과 선택을 통해 가장 중요한 '나 자신'은 어떤 사람인지 스스로 깊이 생각할 기회가 됐길 바란다.

❖ ❖ ❖

    살아보지 않은 인생에 대해 뭐라 말할 수는 없지만, 나는 그때 때려치우길 정말 잘했다고 확신한다. 끝까지 인내해 그때의 그 일들을 결국 잘 수행하게 됐다 치더라도 지금처럼 '좋아서' 하는 일은 아닐 테니까. 본래의 성향을 뛰어넘은 근성을 자랑할 수는 있겠지만, 본래의 성향을 자랑스럽게 여기진 못했을 테니까. 참을까 때려치울까의 기로에서 무조건 때려치우라는 말이 아니다. 인내는 정말 숭고하다고 생각한다. 그러니 당신의 그 숭고한 인내를 그만한 가치가 있는 데에 쏟길 바란다.

부록

—

진로상담사례

22살에 꿈을 꾸기
시작한 은우

심리치료사가 왜 직업에 대한 책을 쓰게 됐을까? 그 생각의
시작이 된 은우와의 이야기를 나눠보려고 한다. 우리의 이야
기를 어떻게 담는 게 좋을지 대화를 나누다가 이름을 대신해
쓰고 싶은 가명이 있는지 물었다.

"내담자가 너라는 걸 알리는 직접적 정보 노출은 안 돼. 혹
시 쓰고 싶은 가명 있어? 없으면 그냥 A군으로 해도 되고."

"음…, 차은우요."

"어디서 많이 들어본 이름인데…. 혹시 연예인이야?"

"헐, 선생님 차은우를 몰라요? 얼굴 천재?"

"오호, 얼굴 천재? 가명을 '얼천' 연예인 이름으로 하시겠

다?"

"아, 왜요. 잘 보면 닮았어요. 크크크크."

23세 청년다운 밝은 목소리와 유쾌한 말투의 은우(이렇게 결정된 가명)와 통화를 마치고 나니 지금과는 전혀 다른 은우를 처음 만난 2년 전이 생각났다.

2017년 12월 2일 토요일 오전 11시, 당시 21살이었던 '장정' 은우는 어머니의 손에 이끌려 상담센터에 들어왔다. 이것만으로도 이미 충분히 임팩트 있는 장면이었지만 이게 다가 아니었다. 순순히 상담실로 들어온 은우는 정해진 시간 50분 내내 입을 열지 않고 앉아만 있다가 11시 50분이 되자마자 벌떡 일어나 문을 열고 나가버렸다.

아니 이게 도대체 무슨 상황인가. 엄마 손에 이끌려와 반항만 하다가 가는 중학생 내담자(상담을 받는 사람)는 봤어도, 자기 발로 상담실에 들어와 아무 말 없이 앉아 있다가 땡 치자마자 쏜살같이 튀어나간 21살 성인 남자라니. 이런 사례는 본 적도 들은 적도 없었다.

은우 어머니가 인테이크 상담(담당 상담사를 배정받기 전 내담자가 상담을 신청 및 접수할 때 하는 접수 면접으로 이름, 연락처와 같은 개인정보와 호소문제와 관련된 정보를 간단하게 보고하는 시간이다) 시

쓴 면접지에는 '대학 생활 부적응으로 휴학' '은둔형 외톨이처럼 방에서 나오지 않음'이 현재 주 호소문제로 기재되어 있었다. 그 밖에 9살 때에 부모 이혼, 아빠와 함께 살며 가까이 있는 고모가 자주 와서 케어했고, 고1 때 아빠가 재혼하면서 지금의 어머니와 셋이 살다가 20살에 아산의 한 대학으로 입학하며 자취를 시작, 대학에 적응을 못해 휴학하고 다시 집으로 왔다는 내용이 간략하게 적혀 있었다.

원래 상담자가 상담 초반에 해야 할 일은 사례 개념화(내담자에 대한 모든 정보를 바탕으로 현재 겪고 있는 어려움의 원인을 파악해, 상담의 목표 및 방법을 정하는 작업)인데, 간단하게 타인이 기재한 면접지만을 보고 내담자를 평가하는 것은 굉장히 위험한 일이라 직접 소통을 통해 언어적·비언어적 메시지를 통합해야 했다. 그런데 당사자가 이렇게 입 꼭 다물고 있다니. 아, 중2도 아니고 이 사태를 어찌해야 하나 막막 그 자체였다. 이럴 바엔 차라리 그쪽에서 상담을 취소하면 좋겠다고 생각했지만 돌아온 토요일 11시. 내 바람과는 달리 은우는 또 어머니와 함께 나타났다.

두 번째 만남에서도 은우는 여전히 입을 꼭 다물고 있었다. 세 번째, 네 번째, 다섯 번째. 50년 같은 50분을 네 차례 지나는 동안 나는 이 방법, 저 방법을 써보며 나름 최선의 노력을 했지만 은우는 역시 입을 열지도, 다른 어떤 행동을 취하지도 않았다. 그저 시위하듯 앉아만 있다가 11시 50분이 되면 민첩하게 빠져나가기만 할 뿐.

이쯤 되면 주 호소문제는 대인관계고 뭐고 그냥 선택적 함구증(발화 능력에 문제가 없음에도 불구하고 특정한 사회적 상황에서 말을 하지 않는 장애)이라고 했어야 했다. 할 수 있는 모든 것을 다 했다고 생각한 나는 5회기가 끝난 12월 30일 오전 11시 50분에 대기실에서 기다리고 있는 어머니를 상담실로 불렀다. 의미 없이 비용만 내고 계시는 상황이니 저와의 상담은 이만 종결하는 게 좋을 것 같다고, 원하신다면 능력 있는 다른 상담사를 소개해드리겠다고 말씀드리니 굳은 표정의 어머니는 이럴 줄 알았다고 하시며 일단은 종결하겠다고 말씀하셨다.

하, 이제 끝났구나. 앓던 이가 빠진 것처럼 시원하기만 할 줄 알았는데, 은우 특유의 무표정한 얼굴이 어른거리며 어쩐지 시원함보다는 불편함이 더 크게 느껴졌다. 그래도 뭐 어쩌겠나. 내가 해줄 수 있는 게 없는걸. 내가 빨리 놔주는 게 은우에게 여러모로 더 좋을 거라고 생각하며 마음을 다잡을 수밖에 없었다. 이렇게 쉽게 끝나지 않을 것을 모르고.

다음 주 토요일, 책장 정리를 하던 중에 휭 문 열리는 소리가 들리더니 은우가 혼자 들어왔다.

"은우야, 상담 끝났는데 잊어버렸구나? 아이고. 샘이 지난주에 말했잖아. 어머니는? 주차하고 계셔?"

"……."

은우는 특유의 무표정한 얼굴로 나를 한 번 쳐다보고는 상담실로 들어갔다. 그 모습을 보고 있던 나는 먼지떨이를 든 채로 그 자리에서 굳어 있다가 곧 정신을 차리고 은우를 따라 상담실로 들어갔다. "혼자 왔냐", "상담 끝난 거 몰랐냐", "상담 끝내기 싫어서 다시 온 거냐" "샘 보고 싶어서 왔냐" 등등 내 많은 물음에도 역시 은우는 아무 말 없이 앉아 있다가 11시 50분에 일어나 나갔다. 그렇게 은우가 왔다 간 후, 나는 이 상담을 계속해야겠다고 생각을 바꿨다. 은둔형 외톨이처럼 방에만 틀어박혀 있던 은우가 스스로 여기까지 왔다는 것은 굉장히 긍정적인 신호였으니까. 드러나지는 않았지만 지난 한 달의 시간이 헛되지 않았다는 뜻이기도 했다.

그 후로도 은우는 한동안 입을 열지 않았다. 그때쯤 나는 은우의 시선 움직임과 표정이 이전보다 훨씬 많아졌다는 것에 스스로 깊은 감명을 받으며, 맞은편에 앉아 셀프 미술치료를 하며 이런저런 설명을 한다든지, 지난주에 있었던 일과 그때의 감정을 이야기한다든지, 하면서 혼자 말하기 상담(?)을 했는데 그렇게 하길 3주째에 드디어 나의 말에 은우가 반응을 보였다.

"은우야, 다음 주에는 오지 마. 샘 내일 입원하거든. 병은 아니고 몸 안에 물혹이 있어서 제거 하는 건데, …… 해서 개복수술을 해야 한대. 적어도 일주일은 입원해야 한다고 하니까 다음 주 주말까지는 못 나올 거야. 문 잠겨 있을 거니까 오면 안 돼. 알았지?"

분명 대답을 요구하는 질문형의 한국어이긴 했지만, 지난 한 달 그리고 3주 동안의 경력(?)으로 정말이지, 하늘에 맹세코, 눈꼽만큼도 대답을 기대하지 않은 나의 귀에 낯선 목소리가 들렸다.

"네…."

헐. 입 밖으로 나간 말은 아니었지만, 은우가 나의 내적 감탄을 눈치채지 못했을 리가 없다. 내 표정과 눈빛, 모든 비언어적 메시지들이 '헐'을 외쳤으니까. 이게 영화였다면 BGM으로 '할렐루야'가 깔렸을 텐데. 이렇게 상담 8회기 만에 은우와 나는 비로소 대화를 시작하게 되었다.

이후로 천천히 마음을 열어준 은우 덕분에 우리는 진실한 대화를 나눌 수 있었고 더 많은 사실을 알게 되었다. 부모님이 이혼하신 것은 은우가 9살 때였지만, 5살 때부터 이혼과 다름없는 별거 생활을 하면서 강압적인 아버지와 함께 살았다는 사실, 자신을 돌봐주셨던 고모가 자살을 했고, 그 장면을 중1 때 목격했다는 사실, 원래 문과에 가고 싶었는데 아빠의 심한 반대로 이과에 갔고, 대학은 별생각 없이 아빠의 뜻에 따라 공대에 갔다는 사실. 그리고 그동안 상담을 거부하고 입을 닫았던 이유도.

"새어머니가 나쁜 분이라는 건 아닌데, 그냥 남 같아요. 걱정해주는 남. 제 상태가 심각하다고 상담이라도 받게 하자고 한 건 어머니거든요? 그런데 정말 상태 심각한 아들이 있다면 그렇게 아빠랑만 다니면서 둘이 좋아죽는 사진 찍고 SNS에 도배하고 할 수 있을까요? 제 사진은 하나도 없고. 뭐, 친아들이 아니니까 그건 그러려니 하는데. 그럼 말이나 말든지…. 말로는 맨날 아들, 아들…. 그래서 저도 딱 그 정도만 한 거예요. '그래, 상담실까지는 간다. 진짜 상담은 안 할 거지만' 하고요."

알면 알수록 은우는 참 강하다는 생각이 들었다. 인간이 평생 쓸 안정감과 긍정적 대인관계의 재료는 어린 시절 부모의 충분한 사랑과 돌봄으로 생겨나는데, 은우는 사랑과 돌봄의 공급이 거의 없었으니 어려움이 있을 수밖에 없는 상태였다. 거기에 심리적 안정기반이 없는 상태에서 그나마 관심을 주셨던 고모가 자살하는 장면까지 목격했으니, 아빠의 우려대로 은우가 약한 아이였다면 고모의 자살을 목격한 후 생을 마감하려는 시도를 했을 수도 있었다. 이런 상황에서도 은우는 스스로를 지켜왔다. 아빠가 그렇게도 싫어했던 판타지 소설이나 무협지에 열중하는 현상은 이러한 총체적 난국인 현실에서 정서적 거리를 두기 위한 은우 나름의 생존 방법이었던 것이다.

깊은 속마음이 하나씩 드러나면서 생활도 점차 달라지기 시작했다. 4월쯤에는 혼자 집 근처 도서관에 가서 책을 보거나 영화를 보는 일이 많아지며 동네 친구들을 만나기도 했다. 그로부터 얼마 안 가 은우의 아버지가 상담실에 찾아오셨다. 아버지는 이제 은우가 좋아진 것 같으니 다음 학기에는 학교에 복학하도록 설득해 달라고 말씀하셨지만 나는 그 요청을 받아들일 수 없었다.

세상에 자기 자녀에게 나쁜 것을 주고 싶어 하는 부모는 없지만, 결과적으로 나쁜 것을 주는 부모는 종종 있다. 안타깝게도 은우의 아버지가 그러한 경우였는데, 이미 전쟁터에서 혼자 살아남기 위해 죽을힘을 다하는 은우를 알아보지 못하고 힘든 세상을 살아가려면 강하게 키워야 한다고, 세상을 더 잘 아는 내가 너의 길을 선택해주겠다고 아들을 위한 상황을 만든다는 것이 오히려 은우를 세상에서 등 돌리게 만든 꼴이 된 것이다.

그동안 아들을 위해 최선의 노력을 했지만, 그 방법이 아들에게 맞지 않아서 오히려 뛰어난 가능성을 가려왔다고 말씀드렸다. 내가 본 은우는 사고가 굉장히 깊고 언어능력이 뛰어난데 이런 능력을 가진 은우가 정형화된 사고과정을 반복해야 하는 공대로 다시 돌아간다면 또 똑같은 일이 생길 수도 있다고. 혹 그럭저럭 적응하고 지낸다고 해도 그건 그냥 참는 거지 자신의 능력을 발휘하는 게 아니라고 설득하고 이제 은우를 믿고 스스로 선택하길 기다리는 게 좋을 것 같다고 말씀드렸다.

5월, 6월 시간이 갈수록, 하루가 다르게 따뜻해지는 날씨처럼 은우의 마음과 생활도 따뜻해지고 있었다. 이제 상담 종결을 준비해야겠다고 느낀 6월의 마지막 만남에서 은우는 내가 본 중 가장 신나는 얼굴로 상담실로 들어와 앉자마자 말을 쏟기 시작했다.

"샘, 최진석 교수님이라고 아세요?"

"그 철학과 교수님?"

"어, 아시네요? 서강대 철학과 교수님이라고 하던데요. 유튜브에서 강의보고 좋아서 그분이 쓴 책 봤는데…."

내 앞에 웬 수다쟁이가 신나서 책의 내용을 설명하고 있었다. 내가 알던 그 차은우가 맞나 싶었다. 사람이 몇 달 만에 이렇게 변하다니. 역시 종결할 때가 됐구나. 기특하고 대견했지만 한편 서운하기도 했다. "너! 내가 좋아? 최진석 교수님이 좋아?"라고 묻고 싶었지만 질 것 같아서 꾹 참고 이제 종결을 준비할 때가 된 것 같다고 말했다. 순간 당황한 표정에 서운한 눈빛을 보고 어쩐지 마음이 흐뭇하면 안 되는데 사실 그랬다. 너도 나처럼 이 시간이 소중했구나. 어쩐지 증명받은 것 같아서.

그 이후 종결까지의 만남은 완전한 진로상담이었다. 심리상담이 진로상담으로 변한 이유는 그동안 묶여 있던 은우의 에너지가 터져 외부로 향해 진로 문제로 관심사가 바뀌었기 때문이었다. 은우는 얼마 남지 않은 시간에 무슨 이야기를 할 것인지 신중하게 선택해 적극적으로 상담에 임했고, 드디어 우리의 긴 이야기에 마침표를 찍어야 할 시간이 왔다. 그동안 고민해왔던 진로에 대해 말하며 휴학한 학교는 자퇴를 하고 철학이나 유럽문화 쪽으로 전공을 바꾸고 싶은데 먼저 군대를 다녀오겠다고 했다.

"이거 아빠한테 말하면 아마 저 죽이려고 할 걸요? 쫓겨날지도 모르는데 그럼 어떡하죠? 선생님한테 연락해도 돼요?"

조심스러운 은우의 말에 "그럼 당연하지, 꼭 연락해줘"라고 말했지만, 나는 이미 그럴 일이 없을 거라는 것을 알고 있었다. 억압적이고 다혈질적인 은우의 아버지가 여태 은우의 상담을 지원해주셨다는 건, 변하고 있는 은우를 믿고 있다는 뜻이었으니까.

"이제 네 세상에서 훨훨 나느라 바빠서 나는 생각도 잘 안 나겠지만, 그래도 혹시 생각나면 언제든 연락해. 그동안 너와 함께할 수 있어서 정말 행복했어."

2017년 12월에 시작한 심리상담이 35회기를 달려 2018년 8월 4일 진로상담으로 끝이 났다. 그 시간을 통해 성장한 사람은 은우만이 아니었다. 기본적 심리기반이 안전하게 형성되면 자연스럽게 자기성취를 향해 눈을 돌리게 된다는 사실을 머리에서 가슴으로 알게 된 나야말로 그 시간 최대의 수혜자였다.

이 책은 은우와의 만남으로 생겨난 이 생각을 시작으로 쓰게 되었다.

'진짜 나'를 만나기를…

　오늘 책장을 정리하다가 어릴 때 썼던 일기장을 발견했다. 옛날에 유행하던 자물쇠가 달린 일기장이었는데, 노랗게 바랜 커버에 쌓인 먼지를 털어내고 몇 장을 넘기니 이런 글이 보였다.

1993. 7. 31.
시험은 점점 주관식 화 되어가고 있지만 세상은 그렇지 못하다.
여러 개의 직업 중에서 하나를 택해야 하는 객관식 인생.
만약 내가 이 세상에 기존하지 않는 그 무엇인가에 소질이 있다 해도, 다른 직업을 택해야 하는 객관식 인생.
언젠가 주관식 사회가 온다면…?
사람들은 나름대로 멋진 삶을 꾸려 나갈 수 있을 것이다.

1993년의 권순영은 삐뚤삐뚤한 악필에 맞춤법, 문장 구사력은 엉망이었지만, 신기하게도 2019년의 권순영과 생각이 비슷했다. 정해져 있는 기준에 나를 끼워 넣지 말고, '나'를 기준으로 인생의 빈칸을 채워 멋진 삶을 꾸려 가자는 익숙한 메시지에 "세상에, 내가 이토록 일관적인 사람이었다니" 하고 놀라지 않을 수 없었다.

　　1993년부터 2019년까지 26년간 놀랍도록 일관성 있는 나는(어깨를 으쓱이며), 당신이 객관식 인생이 아닌 주관식 인생으로 살아가길 진짜 간절히 바란다. 더불어 인생의 빈칸을 채워 나갈 '진짜 나'를 알아가는 데, 이 책을 통한 우리의 만남이 도움이 되길 바란다.

　　2018년 8월에 시작해 2019년 5월까지 10개월간 7명의 인터뷰이와 나 자신을 만나 인생과 직업에 대해 묻고 생각했다. 해야 할 일들이 겹치면서 곤란한 상황도 있었지만, 이 과정을 통해 얻은 생각과 느낌은 진짜 권순영으로 살아가는 데 아주 중요한 자원이 되었다. 막상 끝내려니 서운해서 뭐라 주절주절 더 떠들고 싶지만, 마지막으로 프롤로그에서 언급했던 칼 구스타프 융의 말로 이만 마무리해야겠다. 더욱 더 '진짜 나'다운 모습으로 다시 만나길 바라며.

"Life really does begin at forty. Up until then you are just doing research."

(인생은 40세부터 진짜 시작입니다. 40세가 될 때까지 우리는 연구하고 조사할 뿐입니다.)

개그 욕심이 날뛰는 원고를 교정하느라 오랜 날 고생하셨을 경원북스 편집부에 감사를 전한다. 내세울 것 없는 딸을 항상 자랑스럽게 여겨주시는 부모님, 뜬금없는 인터뷰 요청에 기쁘게 응해주신 7명의 인터뷰이, 오랫동안 응원하며 기다려준 특별한 친구에게도 감사의 인사를 전하고 싶다. 마지막으로 지금까지 이 글과 호흡을 같이 해준 독자에게 감사한다.

2019년 5월

권순영